Sistemas de Información Contable I

Apolinar García

Alfaomega

Buenos Aires • Bogotá • México DF • Santiago de Chile

García, Apolinar Edgardo

Sistemas de información contable I / Apolinar Edgardo García. - 2a ed . - Ciudad Autónoma de Buenos Aires : Alfaomega Grupo Editor Argentino, 2017.

194 p. ; 27 x 20 cm.

ISBN 978-987-3832-30-7

1. Contabilidad Nacional. I. Título.

CDD 657.61

Edición: Damián Fernández
Armado de interiores: Damián Fernández
Diseño de tapa: Melina Daffunchio
Revisión de armado: Damián Fernández

Internet: http://www.alfaomega.com.mx

ISBN 978-987-3832-30-7
Queda hecho el depósito que prevé la ley 11.723

Empresas del grupo:

Argentina: Alfaomega Grupo Editor Argentino, S. A.
Av. Córdoba 1215 Piso "10", Buenos Aires, Argentina, C.P. 1055
Tel.: (54-11) 4811-7183/0887
E-mail: ventas@alfaomegaeditor.com.ar

México: Alfaomega Grupo Editor, S. A. de C.V.
Dr. Isidoro Olvera 74, Col. Doctores, Cuauhtémoc, Ciudad de México, México, C.P. 06720
Tel.: (52-55) 5575-2420 – Fax: (52-55) 5575-2420/2490. Sin costo: 01-800-020-4396
E-mail: atencionalcliente@alfaomega.com.mx

Colombia: Alfaomega Colombiana S. A.
Calle 62 N° 20-46, Bogotá, Colombia
Tel. (57-1)7460102 - Fax: (57-1) 2100415
E-mail: cliente@alfaomega.com.co

Chile: Alfaomega Grupo Editor, S. A.
Av. Providencia 1443, Oficina 24, Santiago de Chile, Chile
Tel.: (56-2) 235-4248/2947-5786 – Fax: (56-2) 235-5786
E-mail: agechile@alfaomega.cl

Contenido

Capítulo 8: **Las Cuentas**

Capítulo 9: **Principios y Métodos**

Capítulo 10: **Aplicación a las operaciones básicas**

Capítulo 11: **Mayor de cuentas**

Capítulo 12: **Medios de registración**

BLOQUE 3
El resultado del procesamiento de la información contable

Capítulo 13: **Operaciones previas al balance general (Parte primera)**

Capítulo 14: **Operaciones previas al balance general (Parte segunda)**

Capítulo 15: **Operaciones previas al balance general (Parte tercera)**

Capítulo 16: **Operaciones previas al balance general (Parte cuarta)**

Capítulo 17: **El balance de fin de ejercicio**

Capítulo 18: **La información contable**

BLOQUE 4
Nuevos procesamientos

Capítulo 19: **Sistemas de información contable computarizados**

GLOSARIO
Disponible en la Web del libro

Material en la Web

En la página Web del libro, los alumnos encontrarán los documentos contables que se utilizan a lo largo de la obra y un completo **Glosario**. Los docentes encontrarán presentaciones en PowerPoint.

http://www.alfaomegaeditor.com.ar/escolar

Estimado profesor:

Si desea acceder a dichas presentaciones, por favor contacte al representante de la editorial que lo suele visitar o escríbanos a:

escolar@alfaomegaeditor.com.ar

Sobre el autor

Apolinar E. García. Graduado en la Facultad de Ciencias Económicas de la Universidad de Buenos Aires en 1952. Ex asesor y auditor general de grupos empresariales. Ex director general y gerente de importantes empresas. Ex profesor del Instituto Nacional del Profesorado Técnico. Ex profesor de la Escuela Superior de Comercio Carlos Pellegrini de la Universidad Nacional de Buenos Aires. Ex profesor de la Escuela Industrial Otto Krause. Ex profesor de la Escuela Nacional de Comercio Manuel Obarrio de San Isidro. Docente especializado en la Educación Polimodal y autor de más de 70 títulos publicados con diversas editoriales. Ex vicepresidente de Kapelusz Argentina S. A. y Presidente del Grupo Cincel Argentina (México, España, Colombia, Venezuela, Uruguay y Argentina). Socio-Gerente de Sainte Claire Editora y colaborador en la Autoría de textos en Editorial Libros Básicos y Editorial Troquel.

Introdujo el texto electrónico y el sistema Power Point en la elaboración de textos escolares del nivel secundario y creó los Tests Interactivos con evaluación automática para la comprensión y control del aprendizaje en las asignaturas del nivel secundario.

Prólogo

El constante desarrollo de la empresa moderna ha impuesto igual ritmo a todos los sistemas de información conducentes a la toma de decisiones; por lo tanto, ha corrido a idéntica velocidad de crecimiento el destinado al registro, ordenamiento y clasificación de datos de las operaciones que realiza toda organización o empresa, alcanzando gran repercusión como productores insustituibles de sus informaciones destinadas a ser utilizadas por parte de quienes tienen la responsabilidad de su manejo.

Tal es así que, incluso, se ha debido adaptar su tan conocida y limitada denominación de Contabilidad, con que existiera durante tantos años, como disciplina encargada de iguales funciones, para transformarse en el hoy llamado Sistemas de Información Contable que, por supuesto, ha sentido las transformaciones propias de la era tecnológica que estamos viviendo.

Sin embargo, no se ha excluido el mantenimiento de su basamento científico original, la llamada ecuación patrimonial (que hemos transformado en igualdad patrimonial), que todavía hoy gobierna los fundamentos de aplicación de los principios básicos de registración, aún cuando la técnica del ordenamiento, clasificación y producción de informaciones hayan variado como consecuencia de la incorporación de los sistemas computarizados, que han producido una verdadera revolución en su aplicación, mejorando considerablemente los métodos anteriores y asegurando una mayor fidelidad, rapidez y seguridad en el registro y clasificación de los datos procesados.

También, no obstante ese avance científico y tecnológico, hemos mantenido la anterior terminología o sea el lenguaje que ha permitido señalar y definir los conceptos hasta hoy conocidos desde el punto de vista contable, que continuaremos utilizando en nuestro desarrollo temático, sin perjuicio de incorporar otros nuevos conceptos impuestos por la semántica de la tecnología actual.

A los fines de su correcta actualización al proceso educativo hemos incorporado las recientes currículas para las escuelas secundarias, tanto nacionales como provinciales, establecidas para esta disciplina, incluida en la Formación Orientada de una de las Modalidades de mayor aceptación y aplicación laboral cual es la de Economía y Administración.

Por ello, hemos dedicado este primer curso al desarrollo de los conceptos básicos de la asignatura, ampliando los aspectos de registración, clasificación y análisis a cada uno de los rubros en particular, para concluir con la práctica de estados contables ajustados a la realidad económica, de manera tal que éstos sean fieles exponentes de la situación patrimonial, financiera y económica de la empresa a la cual correspondan.

De acuerdo con esa metodología hemos trasladado al curso siguiente todos aquellos conceptos que se refieren a la operatoria de las operaciones básicas y el análisis e interpretación de los estados contables, como así también a la aplicación de las normas técnicas básicas que todo auxiliar de la profesión debe conocer, tratando de brindar un desarrollo que contenga los elementos necesarios para que el alumnado pueda introducirse en el campo laboral, en forma inmediata, completando un área del conocimiento que no debe faltar en aquellos que han elegido la Modalidad a la cual se dirige.

Sin perjuicio del desarrollo metodológico que permita asegurar los conceptos esenciales de la asignatura, hemos incorporado en esta obra, en su cuarta parte, los nuevos conceptos en materia de entrada y procesamiento de datos, como consecuencia de los adelantos tecnológicos habidos y la aplicación de sus resultados a los nuevos requerimientos impuestos por el proceso globalizador de la economía de empresas y organizaciones, que han profundizado el análisis de los hechos económicos.

La ejercitación práctica se complementa con los formularios de Documentos Comerciales y los Registros Contables para las operaciones que se realizan, que se encuentran a disposición de los alumnos y profesores en la página web que se menciona en una parte de esta obra, con el fin de facilitarles los instrumentos necesarios para resolver los casos planteados o que sean requeridos por el Docente a cargo del curso.

EL AUTOR

CAPÍTULO 1

Los sistemas de información contable

¿QUÉ ES UN SISTEMA?

La organización y la práctica administrativa de las empresas han experimentado cambios sustanciales a partir de la segunda parte del siglo pasado como consecuencia del desarrollo de las tecnologías de la información las que, sin duda alguna, han enriquecido las teorías que se fueron gestando desde comienzos del siglo.

Entre dichas tecnologías ha surgido un enfoque que ha facilitado la unificación de los diversos campos de conocimiento, de los cuales no ha estado ausente el inherente a la administración de las empresas, facilitando la comprensión de los distintos problemas y, por extensión, marcando el camino propicio al logro del éxito de las mismas.

Ese enfoque ha sido producto de la aplicación de la Teoría General de los Sistemas que, incorporada inicialmente a las ciencias en general, ha tenido una sólida aceptación en el campo empresarial.

¿Qué es la Teoría General de los Sistemas?

La Teoría General de los Sistemas, debida a Ludwig von Bertalanffy, biólogo alemán, quien había formulado la teoría de los sistemas abiertos en 1925 y reconocido como pionero de la misma, sostiene una metodología integradora para el tratamiento de las distintas disciplinas.

Karl Ludwig von Bertalanffy, nació el 19 de septiembre de 1901 en Viena, Austria y falleció el 12 de junio de 1972 en Bufalo, Nueva York, Estados Unidos) fue un biólogo y filósofo austríaco, reconocido fundamentalmente por su teoría de sistemas.

Al igual que en todas las ciencias y sus especialidades, dicha teoría incluye para ser utilizados por aquellos dedicados a cada campo específico, el uso de términos genéricos, introduciendo un lenguaje que permite definir con mayor precisión los conceptos que corresponden a cada disciplina en particular.

Ese nuevo lenguaje asimilado a los procesos informáticos considera que un sistema es un conjunto organizado de cosas o partes, o sea que sus funciones básicas interactúan entre sí formando un todo referido a un determinado campo específico de conocimientos, utilizando para tal efecto las siguientes denominaciones básicas:

ENTRADAS	Se llama así a todo ingreso de cosas o partes al sistema; es el inicio del mismo o, dicho en otra forma, el suministro a sus necesidades operativas.
PROCESO	Es la acción que transforma una entrada en salida; puede ser una materia prima que se transforma en un producto elaborado, un dato en una información resultante, etc.
SALIDAS	Son los resultados que se obtienen del procesamiento de las entradas; siguiendo el ejemplo anterior sería el producto elaborado, la información, etc.
RETROALIMENTACIÓN	Cuando las salidas de un sistema se convierten en entradas de otro sistema a los fines de un procesamiento posterior y conversión en otra salida; este ciclo puede repetirse indefinidamente, en cuyo caso las salidas se convierten en entradas de un sistema siguiente.

SU APLICACIÓN EN EL CONTEXTO DE LAS ORGANIZACIONES

Los Sistemas de Información Contable han asimilado los conceptos esbozados por la Teoría de los Sistemas antes mencionada para su aplicación a las empresas u organizaciones y, el efecto que ella trae aparejado, en razón que se encuentran constituidos por un conjunto de elementos interrelacionados que interactúan entre sí; en consecuencia, cuando esos elementos actúan en conjunto, sus resultados no son idénticos, sino mayores, a los que podrían generarse si lo hicieran independientemente.

Por ello, los distintos elementos que componen todo Sistema de Información Contable de una empresa poseen esas dos propiedades:

- Cada elemento depende del todo.
- No actúan en forma independiente.

Siguiendo el ejemplo de los seres humanos sus sistemas nervioso, respiratorio, digestivo interactúan entre sí, pero cada uno de ellos afecta el funcionamiento de todo el cuerpo.

Definido así todo sistema estamos en condiciones de encuadrar, dentro de esas características, a todo sistema de información contable identificando, en primer lugar, los elementos que lo integran para que dicho sistema funcione adecuadamente y cumpla con el objetivo de brindar la información necesaria que satisfaga los requisitos necesarios para el funcionamiento de una empresa.

ENTRADAS

Las entradas a todo sistema de información constituyen todo antecedente o noticia cierta o cantidad conocida que sirve de base para tomar conocimiento de cualquier operación de una empresa, lo cual llamamos dato.

Los datos se nos presentan en forma independiente, unos de otros, de manera que, por sí mismos, no suministran una idea clara acerca de una cosa; así que cuando decimos que un artículo determinado nos cuesta una suma de dinero, ese dato por sí sólo no nos dice si es posible adquirirlo, si su adquisición se encuentra a nuestro alcance, si estamos efectuando una compra a un precio justo, si responde a la calidad exigida, etc.

Sin embargo, los datos pueden convertirse en una información útil a través de una comparación, clasificación y cómputo de los mismos que permitan obtener el conocimiento exacto de lo que buscamos en un momento determinado.

PROCESAMIENTO DE DATOS

De allí surge la necesidad de procesar los datos, expresión usada para registrar, clasificar y analizar todas las operaciones que se efectúan en una empresa, tendientes a obtener informaciones útiles en base a los datos suministrados para tomar decisiones.

SALIDAS

El procesamiento de datos comprende desde la simple operación de registro para almacenamiento y futura utilización, hasta la obtención de resultados finales en base a la clasificación, cómputo y recopilación de aquellos.

En realidad, dicho procesamiento está ligado a la existencia del hombre desde los comienzos de la civilización ya que éste necesitó de un lenguaje traducido en símbolos, números, letras y palabras, con el fin de anotar las cosas que deseaba recordar, mantener, escribir, etc.

Resumiendo, entonces, las tres actividades de un sistema de información contable son las que producen la información que toda empresa u organización requiere para la toma de decisiones y el control de las operaciones:

ALIMENTACIÓN (entrada-insumos)	Es el momento en que se captan o recogen (interna o externamente) los datos primarios dentro o fuera de la institución.
PROCESAMIENTO	Los datos recogidos en el proceso anterior son clasificados y agrupados con el fin de obtener una información útil.
PRODUCTO	Es la información producida para ser utilizada por las personas en la toma de las decisiones en la empresa.

RETROALIMENTACIÓN

Los sistemas de información pueden también utilizar la información resultante (o sea el producto ya procesado) para servir de alimentación a otro proceso de obtención de datos.

Efectivamente, un saldo obtenido al procesar en una determinada cuenta, una factura o un recibo, puede ser utilizado como entrada o alimentación de otra operación similar posterior en la cual el saldo de la misma será modificado por esta última.

En tales casos, cuando la información o producto sirve de alimentación para un nuevo proceso recibe el nombre de retroalimentación.

En resumen, como Sistemas de Información Contable definimos aquellos sistemas que comprenden el registro y clasificación de las operaciones realizadas por una empresa que toma los datos de las mismas para convertidos en información, a los fines de conocer el estado de su Patrimonio y los Resultados derivados de ese procesamiento.

EJERCICIOS DE AUTOEVALUACIÓN

Cuestionario

1) ¿Qué es un Sistema?
2) ¿Entre las funciones básicas de un sistema que entiende por entradas?
3) ¿Qué entiende por salidas?
4) ¿Qué entiende por proceso?
5) ¿Qué entiende por retroalimentación

CAPÍTULO 2

Operaciones y hechos relevantes

LA EMPRESA

Definido el proceso contable como parte de un Sistema Contable de Información de una empresa, es necesario que fijemos previamente qué es el órgano que une y coordina los elementos necesarios para llevar a cabo la negociación de bienes o servicios, a fin de lograr la mayor utilidad posible.

Es decir, que se la define como un conjunto de elementos humanos y materiales, o sea:

- El dueño o capitalista y los trabajadores que dependen de éste.
- Los elementos materiales, o sea el conjunto de bienes que se dispone para cumplir el objetivo fijado (realizar ganancias).

Por ello, no debe confundirse empresa con empresario, pues éste es quien asume la representación y/o titularidad de aquélla y tiene a su cargo la responsabilidad en coordinar dichos elementos humanos (trabajadores) y materiales (conjunto de bienes) para lograr el fin propuesto (obtención de utilidades).

Cuando la función de empresario es desarrollada en forma personal nos encontramos frente a un propietario único o a una empresa unipersonal; en cambio, cuando es llevada a cabo por dos o más personas que se unen para cumplir con esos fines, forman lo que se llama una sociedad.

En este último caso, tanto las responsabilidades en la coordinación de los elementos de la empresa, como las aportaciones de dinero o bienes son compartidas entre uno o más socios (denominación utilizada para designar a cada uno de los que participan en una sociedad); por supuesto, las utilidades o ganancias que se obtengan en todo negocio llevado en sociedad, serán repartidas o distribuidas entre los socios que la componen, generalmente en proporción a los aportes que cada uno ha efectuado.

Clases de empresas

Según la actividad que desarrollan las empresas suelen clasificarse en:

COMERCIALES	Son aquellas que desarrollan su actividad en base a operaciones consistentes en la adquisición de productos que luego venden en el mismo estado en que fueron adquiridos.
INDUSTRIALES	Son aquellas que realizan un proceso de transformación de los productos que adquieren (llamados generalmente materias primas), para luego vender los que surgen de esa transformación (llamados por ello productos elaborados).

DE SERVICIOS	Son aquellas que no comercializan bienes físicos, sino que prestan servicios, aun cuando en algunos de ellos pueda incluirse, en menor proporción, algún bien físico.

OPERACIONES Y HECHOS RELEVANTES

Entre las operaciones más comunes de toda empresa, se encuentra, en primer lugar, aquella que comienza con su establecimiento, a las que se suman las que se refieren a la compra venta de productos para revender o elaborar, según el objeto de la misma, es decir según esta sea de carácter comercial, industrial o de servicios.

Sobre tales operaciones nos hemos de referir en particular y a continuación:

Constitución del negocio o empresa

Analizaremos inicialmente como se constituye un negocio o empresa, teniendo en cuenta que, en un principio, debe contarse con el aporte de su propietario (negocio unipersonal) o de sus socios (sociedad) para iniciar sus operaciones, pues es el medio necesario e insustituible para llevar a cabo el fin propuesto.

En efecto, todo negocio comienza sus actividades con un conjunto de bienes incorporados al mismo (dinero en efectivo, muebles e instalaciones, mercaderías o materias primas, etc.) que es un acto por medio del cual una persona incorpora a un negocio o actividad lucrativa uno o varios bienes que le pertenecen, con el fin de obtener con ello alguna utilidad o ganancia.

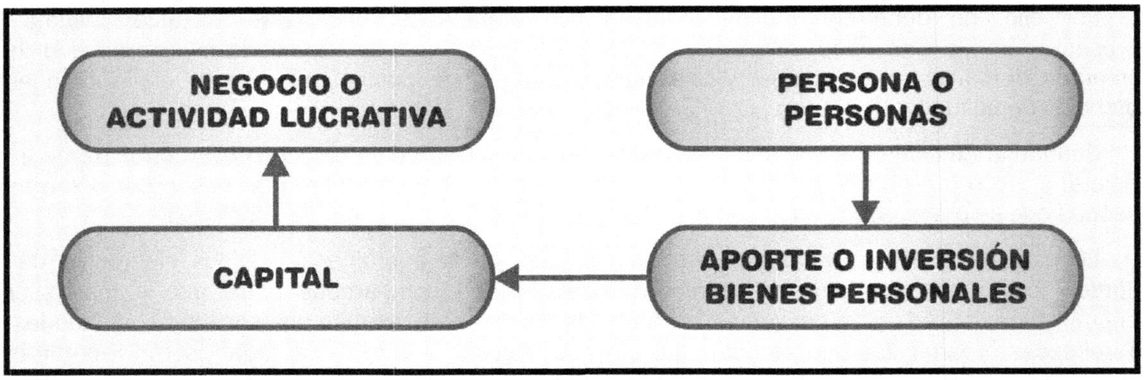

Diversas clases de aportes

Los aportes pueden asumir alguna de las siguientes formas o de ambas al mismo tiempo:

APORTES EN DINERO	Consisten en la incorporación de dinero en efectivo o valores equivalentes (como ser cheques).
APORTES EN BIENES	Llamados también APORTES EN ESPECIE, consisten en la transferencia al negocio de bienes que pertenecen al dueño o propietario o han sido adquiridos por éste para ese fin (tal el caso de un automóvil, un escritorio, una máquina).

LA COMPRA-VENTA

Conceptualización

Dado su particular actividad, el fin de toda empresa consiste en obtener utilidades o ganancias de la venta de los productos que adquiere o elabora o de los servicios que presta, la que resultará de la diferencia que se observe entre su precio de compra (en el caso de empresas comerciales) o su costo de elaboración (en el caso de empresas industriales y de servicios) y el precio de venta de los mismos.

Dicha operación se conoce con el nombre de compra-venta a la cual toda empresa se encuentra íntimamente ligada, pues es la concepción originaria de todo negocio, definida como el intercambio de una cosa por otra, en el cual una de ellas es dinero y, por lo tanto, es una operación común tanto en las empresas comerciales, como industriales o de servicios.

En realidad, es el concepto evolucionado del trueque o cambio primitivo, en el cual hoy una de las cosas que se intercambia es el dinero, como unidad de medida reconocida por ambas partes contratantes (comprador y vendedor).

En tal sentido, nuestras disposiciones legales son claras al definir la operación de compra venta, ya que nuestro Código de Comercio establece que:

La compra-venta es un contrato por el cual una persona, sea o no propietaria o poseedora de la cosa objeto de la negociación, se obliga a entregarla o a hacerla adquirir en propiedad a otra persona, la cual se obliga por su parte a pagar un precio convenido en dinero y la compra para revenderla o alquilar su uso.

Elementos de la compra-venta

De la definición antes mencionada se derivan los diversos elementos que intervienen en la compra-venta mercantil:

VENDEDOR	Propietario o poseedor de la cosa objeto de la convención.
COMPRADOR	El que adquiere la cosa objeto de la convención para revender- la o alquilar su uso, obligándose a pagar un precio por ello.
COSA U OBJETO	Es el objeto de la convención y debe tratarse de una cosa mueble.
PRECIO	Es la suma que el comprador se obliga a pagar al vendedor.
INTENCIÓN	El comprador compra la cosa u objeto con el fin de revenderla o alquilar su uso.

Surge de lo anterior que en toda compra-venta deben considerarse, a los fines de determinar la utilidad o ganancia en toda operación de esa naturaleza, debe tenerse en cuenta lo siguiente:

- El precio de venta. o sea, aquel al cual se comercializan los productos objeto de la actividad de la empresa.
- El precio de compra de los productos cuando se revenden en el mismo estado en que han sido adquiridos (empresas comerciales).
- El precio de costo, cuando se trata de productos originarios (materias primas) que han sido transformados en otros, luego de un proceso de elaboración (empresas industriales).

- Los gastos realizados para efectuar la venta (gastos de venta de los productos en el mismo estado (reventa) o luego de ser transformados (productos elaborados).
- Todo tipo de bonificación o descuento que se realice para poder llevar a cabo la actividad de la empresa y lograr una mejor venta o cobranza de la misma, que disminuirá el precio de venta respectivo.
- Todo otro tipo de gastos (administrativos, financieros, generales) que sean necesarios para el desarrollo de las actividades de la empresa en la proporción que corresponda a cada unidad de los productos vendidos.

Precio de la compra-venta

Es el llamado precio de venta para el vendedor y precio de compra para el comprador, definido como el valor en dinero por el cual se realiza una operación de esta naturaleza y, por lo tanto, su determinación surge del común acuerdo entre las partes.

Sin embargo, para ello debe tenerse en cuenta que:

- Para el vendedor, dicho precio resulta de comparar el mismo con el precio de compra de la mercadería que él adquiere para su venta o el costo de su elaboración, deducida la bonificación o el descuento que corresponda, más los gastos que le demande realizar dicha venta y la parte que corresponda cargar de los gastos generales; la diferencia que surja entre dichos valores será la ganancia o utilidad obtenida.
- Para el comprador, el precio por el cual adquiere una cosa dependerá de su valor corriente en plaza, de la necesidad en adquirirla y de la preferencia que tenga sobre ella por cuestiones de marca, calidad, presentación, etc. y la utilidad que obtenga resultará de deducir a dicho precio, los conceptos anteriores señalados para el vendedor (gastos generales) o aumentarlos (bonificaciones y descuentos).

Bonificaciones y descuentos

Con el fin de lograr una mayor venta las empresas suelen considerar también una rebaja en el precio de venta de sus productos, sobre todo en aquellos casos que las cantidades y/o montos de la misma motiven a todo comprador a realizar operaciones de mayor envergadura.

Esas rebajas se conocen con el nombre de bonificaciones y consisten en un porcentaje que se deduce del precio de venta.

No debe confundirse las bonificaciones con los descuentos, ya que, si bien ambos consisten en disminuciones del valor de lo vendido, este último se efectúa como un premio a la anticipación de su cobranza.

Es decir que:

- La bonificación disminuye el precio de venta.
- Los descuentos disminuyen el valor de la cobranza.

Ambos conceptos son calculados en base a un porcentaje que se aplica en la siguiente forma:

- En la bonificación sobre el valor facturado.
- En el descuento (también llamado de pronto pago) sobre el valor del pago que se anticipa.

Precio bruto y precio neto

El conocimiento de los conceptos anteriores nos permite informarnos acerca de estos dos conceptos fundamentales en toda operación.

PRECIO BRUTO	Es aquel que se fija para la comercialización de los productos de una empresa y surge generalmente de listas que se aplican en forma general (llamadas comúnmente de precios de venta al público).
PRECIO NETO	Es el que resulta de aplicar sobre el precio bruto las bonificaciones que se otorgan (generalmente por volumen de ventas).

Ganancia bruta y ganancia neta

De los anteriores conceptos surgen estos dos:

GANANCIA BRUTA	Diferencia entre el precio de venta neto y el precio de costo (precio de compra de la mercadería adquirida)
GANANCIA NETA	La ganancia bruta determinada de acuerdo con el punto anterior menos los gastos que hubieran realizado para llevar a cabo la venta

Entre los gastos de venta deben considerarse también otros no menores como las comisiones a los vendedores, el pago de fletes y acarreos para entrega de la mercadería vendida, los impuestos que se apliquen sobre la venta menos los abonados en las compras correspondientes (caso IVA), etc.; sobre estos últimos nos referiremos en particular más adelante.

Formas de pago

Las distintas formas que puede asumir la compra venta de cosas se refieren a su forma de cancelación o sea el pago convenido entre comprador y vendedor de la cosa que se vende, que puede ser:

AL CONTADO	Cuando el pago se realiza simultáneamente a la entrega de la cosa u objeto convenido.
A PLAZO	Es aquella en la cual el pago de la cosa adquirida se realiza en una fecha posterior a la entrega de la cosa.

Más adelante nos hemos de referir a las distintas formas de efectuar dichos pagos como así también la documentación utilizada.

EJERCICIO DE AUTOEVALUACIÓN

Cuestionario

Operaciones y hechos relevantes:

1) ¿Qué clase de empresa realiza la actividad de vender mercaderías en el mismo estado?
2) ¿Qué clase de empresa se dedica a la explotación de un sanatorio?
3) ¿Qué es una empresa de servicios?
4) ¿En qué consiste la operación de compra-venta?
5) ¿Qué es una compra-venta a plazo?
6) ¿Qué entiende por descuento?
7) ¿Qué es una bonificación?

Defina el precio bruto y el precio neto de una operación de compra-venta.

1) ¿Cómo obtiene la ganancia neta de una operación de compra-venta

CAPÍTULO 3

Información interna

INTRODUCCIÓN

El objetivo de un buen Sistema de Información Contable es brindar a los responsables de una empresa u organización la información necesaria que les permita servir para la toma de decisiones.

Para tal fin disponen de dos clases de informaciones:

1. Interna, originada dentro de la misma empresa.
2. Externa, proveniente de las obtenidas fuera de la empresa.

Entre las primeras se encuentran todas aquellas que surgen de los documentos comerciales emitidos y recibidos por la empresa, resultantes de todas las operaciones que realiza, a los fines de su registro y comprobación de las mismas y que han de motivar el desarrollo del presente capítulo.

Respecto de las informaciones externas hemos de dedicar el siguiente capítulo a su desarrollo.

DOCUMENTACIÓN RESPALDATORIA

La información interna es aquella que se origina dentro de la empresa, que cuenta con documentación respaldatoria emitida por la propia empresa o por terceros vinculados a ella como proveedores, clientes, instituciones bancarias, etc.

Por documentación respaldatoria entendemos todo documentos que tiene por objeto formalizar una determinada operación que, a su vez, sirve como comprobante para el registro de la misma en los libros de contabilidad de la empresa.

Sin duda alguna, la documentación más habitual es aquella que se refiere a las operaciones de comercialización, dado que la venta de los productos de la empresa, sean en el mismo estado en que han sido adquiridos (reventa) o elaborados por la propia empresa (productos elaborados) representan su actividad principal, o sea aquella en la cual obtiene sus utilidades.

OBJETO DE LA DOCUMENTACIÓN

En realidad, todas las operaciones son respaldadas por medio de documentos en los cuales constan las distintas características en que han sido realizadas y responden a las respectivas etapas que se suceden.

Es que dicha documentación no solo sirve para comprobar cada una de esas operaciones sino también es utilizada como comprobante para su registración en los libros de la empresa participante y como documento utilizado para cualquier tipo de reclamación (judicial o extrajudicial) de cualquiera de las partes intervinientes, respecto de la falta de cumplimiento de lo convenido entre las mismas.

El acto por el cual se elaboran tales documentos se conoce con el nombre de instrumentación documental pues tiene por objeto la emisión de los mismos que reflejan cada una de las etapas en las que se realiza una operación, identificando las partes intervinientes y sus características.

DOCUMENTACIÓN UTILIZADA EN LA COMPRA-VENTA

Siendo la operación de compra-venta una de las más importantes en todo tipo de empresa, nos hemos de referir a ella en particular para el estudio de la instrumentación documental de dicha operación, la cual se lleva a cabo mediante la utilización de diversos impresos, destinados a formalizar cada una de las etapas en que ella se desarrolla.

A continuación, detallaremos los documentos más usuales que instrumentan dichas etapas con indicación del momento y la causa por las cuales se emiten:

ORDEN DE COMPRA	Mediante el cual el comprador solicita al vendedor la venta de determinados productos; en dicho documento se describen los productos requeridos y las condiciones que el comprador acepta en cuanto a precios, bonificaciones, descuentos, entrega, condiciones de pago, etc.
NOTA DE VENTA	Es un formulario emitido por el vendedor al comprador con iguales características al anterior; solamente difieren en cuanto a quien lo emite, no en cuanto al objeto del mismo, pero su utilidad es similar.
NOTA DE VENTA AL CONTADO	Cuando la mercadería se vende al contado.
TICKET DE MÁQUINA REGISTRADORA	Cuando se utiliza este sistema en las ventas al contado.
REMITO	Cuando la mercadería se entrega al comprador y no se realiza el pago inmediato de la misma (ventas a plazos).

FACTURA DE VENTA	Es el documento que emite el vendedor, luego o en el mismo momento en que es entregada la mercadería adquirida y tiene por objeto formular el cargo por el precio de la misma y de las restantes condiciones pactadas.
NOTA DE CRÉDITO	Se utiliza para modificar facturas extendidas por mayor valor o cantidad con el fin de ajustarlas a la realidad.
NOTA DE DÉBITO	Se utiliza para formular cargos por conceptos atinentes a la operación realizada, como fletes, acarreos, intereses, etc. o ajustes por valores o cantidades facturadas por menor valor o cantidad.
RECIBO	Es otorgado por el vendedor en el momento que el comprador abona el precio por la mercadería adquirida.

Con el fin de ampliar la información referida a dicha documentación nos hemos de referir seguidamente a cada uno de dichos documentos en particular.

Orden de Compra y Nota de Venta o Pedido

Tanto la orden de compra como la nota de pedido cumplen un propósito similar en una operación de compra-venta pues representan la intención de cada una de las partes para llevarla a cabo, fijando las condiciones para ello.

Por eso ambos documentos tienen una descripción completa de la parte interviniente (comprador y vendedor) y del objeto de dicha operación; sólo se diferencian en cuanto al emisor de los mismos.

En el primer caso (orden de compra), el comprador ordena al vendedor la provisión de la mercadería a adquirir y en el segundo caso (nota de pedido), es el vendedor que toma el pedido del comprador para su provisión.

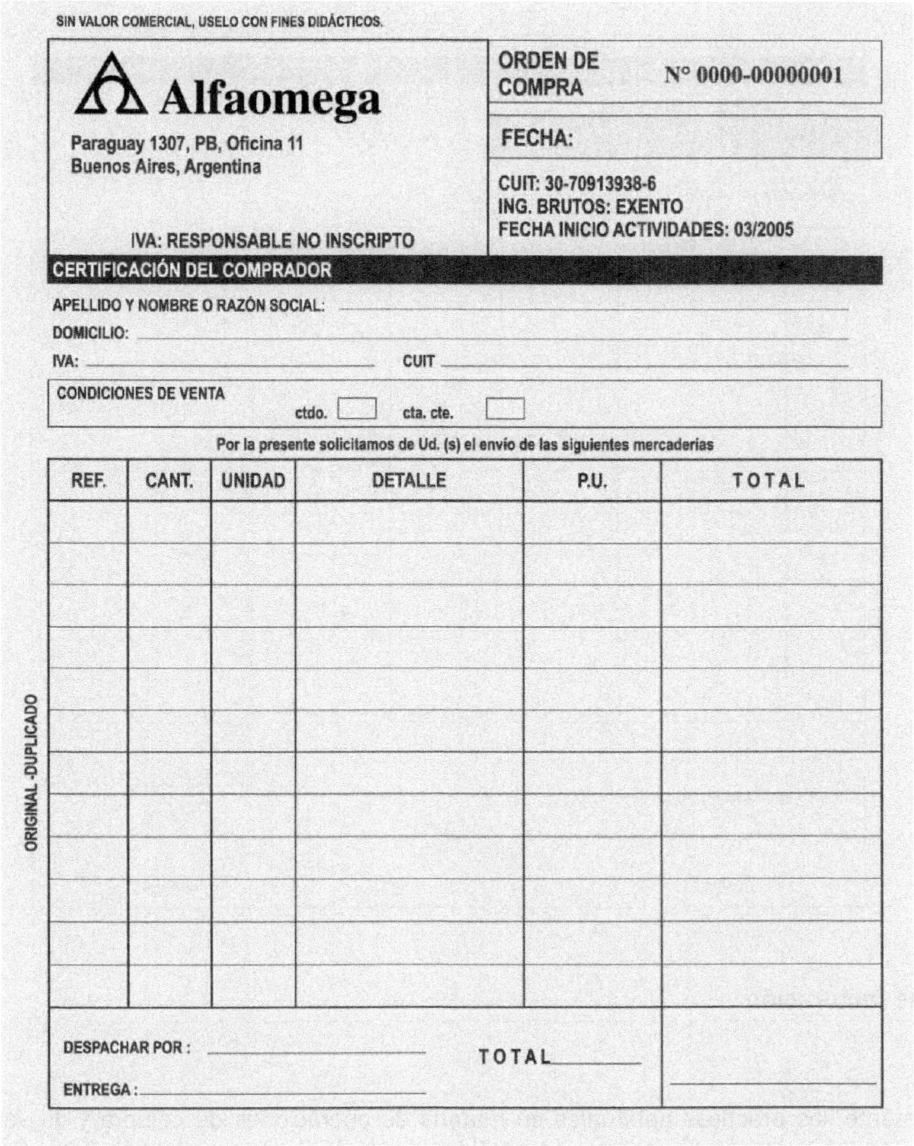
SIN VALOR COMERCIAL, USELO CON FINES DIDÁCTICOS.

Alfaomega

Paraguay 1307, PB, Oficina 11
Buenos Aires, Argentina

IVA: RESPONSABLE NO INSCRIPTO

ORDEN DE COMPRA N° 0000-00000001

FECHA:

CUIT: 30-70913938-6
ING. BRUTOS: EXENTO
FECHA INICIO ACTIVIDADES: 03/2005

CERTIFICACIÓN DEL COMPRADOR

APELLIDO Y NOMBRE O RAZÓN SOCIAL: ____

DOMICILIO: ____

IVA: ____ CUIT ____

CONDICIONES DE VENTA ctdo. [ ] cta. cte. [ ]

Por la presente solicitamos de Ud. (s) el envío de las siguientes mercaderías

REF.	CANT.	UNIDAD	DETALLE	P.U.	TOTAL

DESPACHAR POR: ____ TOTAL ____

ENTREGA: ____

ORIGINAL -DUPLICADO

Si bien no existe obligación legal alguna respecto de la emisión de estos documentos, sea en cuanto a la forma de emisión o a las características que deben contener, con motivo del establecimiento de las normas de facturación que veremos a continuación, la práctica ha aconsejado que los mismos sean redactados en forma similar a los documentos allí incluidos.

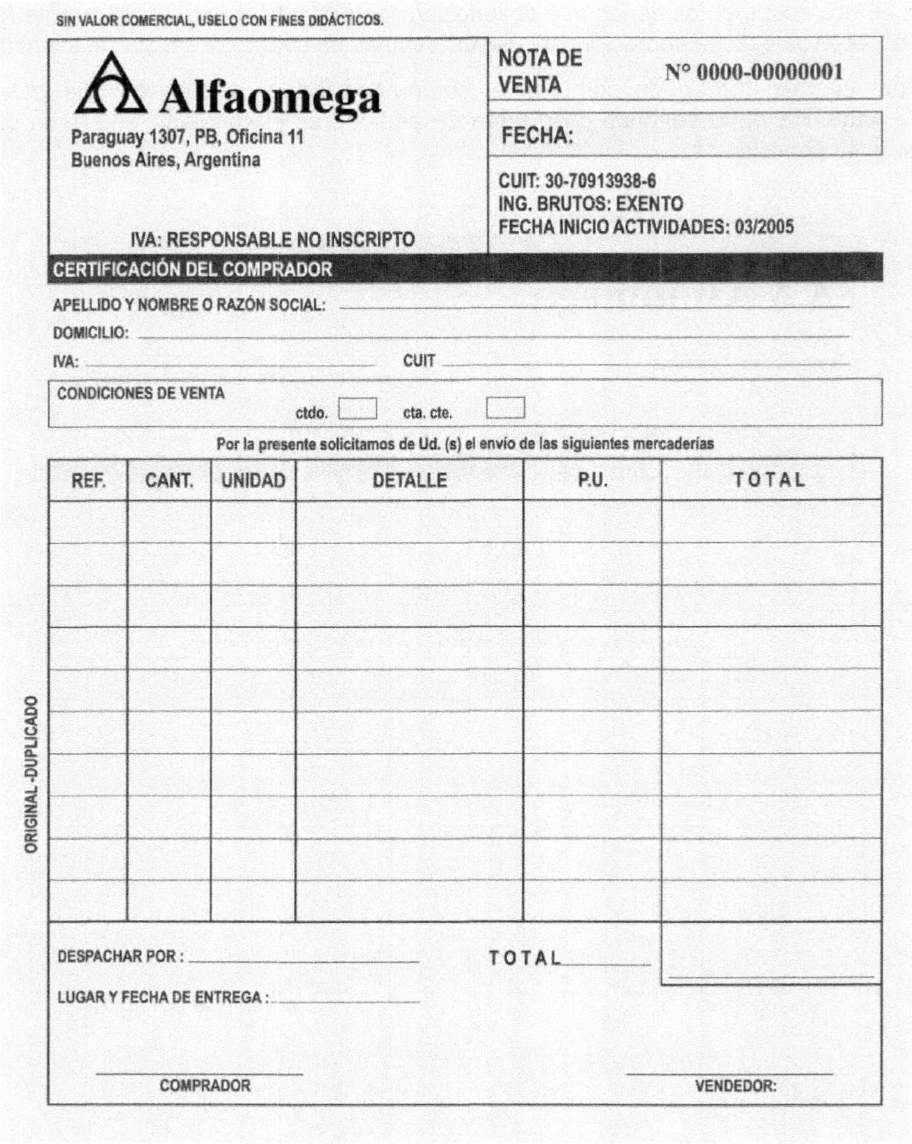

SIN VALOR COMERCIAL, USELO CON FINES DIDÁCTICOS.

Alfaomega
Paraguay 1307, PB, Oficina 11
Buenos Aires, Argentina

IVA: RESPONSABLE NO INSCRIPTO

NOTA DE VENTA N° 0000-00000001

FECHA:

CUIT: 30-70913938-6
ING. BRUTOS: EXENTO
FECHA INICIO ACTIVIDADES: 03/2005

CERTIFICACIÓN DEL COMPRADOR

APELLIDO Y NOMBRE O RAZÓN SOCIAL: ____________

DOMICILIO: ____________

IVA: ____________ CUIT ____________

CONDICIONES DE VENTA ctdo. ☐ cta. cte. ☐

Por la presente solicitamos de Ud. (s) el envío de las siguientes mercaderías

REF.	CANT.	UNIDAD	DETALLE	P.U.	TOTAL

ORIGINAL -DUPLICADO

DESPACHAR POR : ____________ TOTAL ____________

LUGAR Y FECHA DE ENTREGA : ____________

COMPRADOR VENDEDOR:

Régimen de facturación

Introducción

No obstante, las prácticas habituales en materia de operaciones de compra y de venta, se han establecido normas expresas de facturación emitidas por la AFIP, (Administración Federal de Ingresos Públicos) que ha establecido el cumplimiento de determinadas formalidades para la emisión de algunos formularios, en particular para las facturas, remitos y recibos.

En efecto, mediante el dictado de su Resolución Nro. 3419 ha establecido un Régimen de Facturación para la verificación y control de las obligaciones fiscales emergentes de los tributos cuya aplicación, percepción y fiscalización se encuentran a su cargo.

Documentos comprendidos

A tal efecto ha fijado los requisitos, plazos y formas que los contribuyentes y responsables de dichos tributos deben cumplimentar con relación no solo a la emisión de comprobantes sino también a la registración de operaciones de compra- venta de cosas muebles, locaciones y prestaciones de servicios, locaciones de cosas y/o de obras o anticipos referidas a los precios de dichas operaciones; entre lo referente a documentos se encuentran comprendidos los siguientes:

Documentos comprendidos en la Res. 3419

1. Facturas
2. Vales o tickets
3. Notas de débito y de crédito
4. Remitos o documentos equivalentes
5. Recibos

Se ha dispuesto también que los mismos deban ser emitidos como mínimo por triplicado cuyo destino será el siguiente:

ORIGINAL	Para el adquirente, prestatario o locatario.
DUPLICADO	Quedará en poder del emisor para su procesamiento administrativo y contable.
TRIPLICADO	Cuando corresponda obligatoriamente su emisión, o sea por aquellos que no revistan el carácter de exentos, no responsables o consumidores finales; en este último caso, deberá mantenerse esta copia en archivo por separado, ordenado por cliente y cronológicamente por fecha de emisión, a disposición del personal fiscalizador de la AFIP.

Los datos que deben contener dichos documentos son los siguientes:

A. En el espacio superior derecho
1. Numeración preimpresa, en el centro de dicho espacio.
2. Fecha de emisión.
3. Clave única de identificación (CUIT).
4. Número de inscripción en:
- El impuesto a los ingresos brutos o condición de no responsable del emisor
- El número de inscripción en la Caja de Previsión Social correspondientes del emisor y denominación de la misma.

B. En el espacio superior izquierdo
1. Identificación del adquirente
2. Condiciones de venta

C. EN EL CENTRO DEL ESPACIO SUPERIOR
- Las letras A, B ó C según corresponda, conforme a los siguientes conceptos:

LETRA	CORRESPONDE CUANDO SE TRATE DE:
A	Operaciones realizadas con otros responsables inscriptos o con responsables no inscriptos.

B	Operaciones con sujetos del impuesto al valor agregado que revistan en calidad de consumidores finales, exentos o no responsables.
C	Operaciones efectuadas por responsables no inscriptos, exentos o no alcanzados por el impuesto al valor agregado.

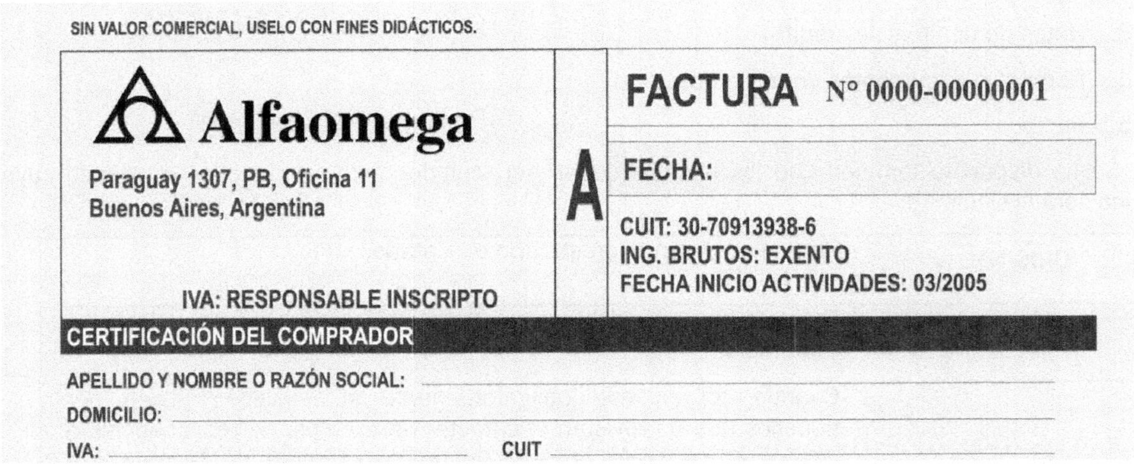
SIN VALOR COMERCIAL, USELO CON FINES DIDÁCTICOS.

Alfaomega

Paraguay 1307, PB, Oficina 11
Buenos Aires, Argentina

IVA: RESPONSABLE INSCRIPTO

A

FACTURA N° 0000-00000001

FECHA:

CUIT: 30-70913938-6
ING. BRUTOS: EXENTO
FECHA INICIO ACTIVIDADES: 03/2005

CERTIFICACIÓN DEL COMPRADOR

APELLIDO Y NOMBRE O RAZÓN SOCIAL: ______

DOMICILIO: ______

IVA: ______ CUIT ______

Modelo de la parte superior de uno de los documentos

Contribuyentes

También se han establecido diversas calificaciones de contribuyentes que deben emitir determinados tipos de facturas que dicha Repartición ha identificado con las letras A, B y C, según podemos observar en el siguiente cuadro:

	CALIFICACIÓN DEL CONTRIBUYENTE	Deben emitir
1	RESPONSABLES INSCRIPTOS en el Impuesto al Valor Agregado que pueden realizar operaciones con: • OTROS RESPONSABLES INSCRIPTOS • RESPONSABLES NO INSCRIPTOS	Facturas A
2	CONSUMIDORES FINALES	Facturas B
3	EXENTOS	Facturas C
4	NO RESPONSABLES	Facturas C
5	RESPONSABLES NO INSCRIPTOS O EXENTOS	Facturas C

El objeto de la clasificación anterior reside en la forma en que se indicará el Impuesto al Valor Agregado en toda factura, con el fin que quien lo abona en el momento de efectuar una compra, pueda descontarlo del que le corresponda por las ventas que realice, como indicamos seguidamente en cada caso:

Características de la Factura A

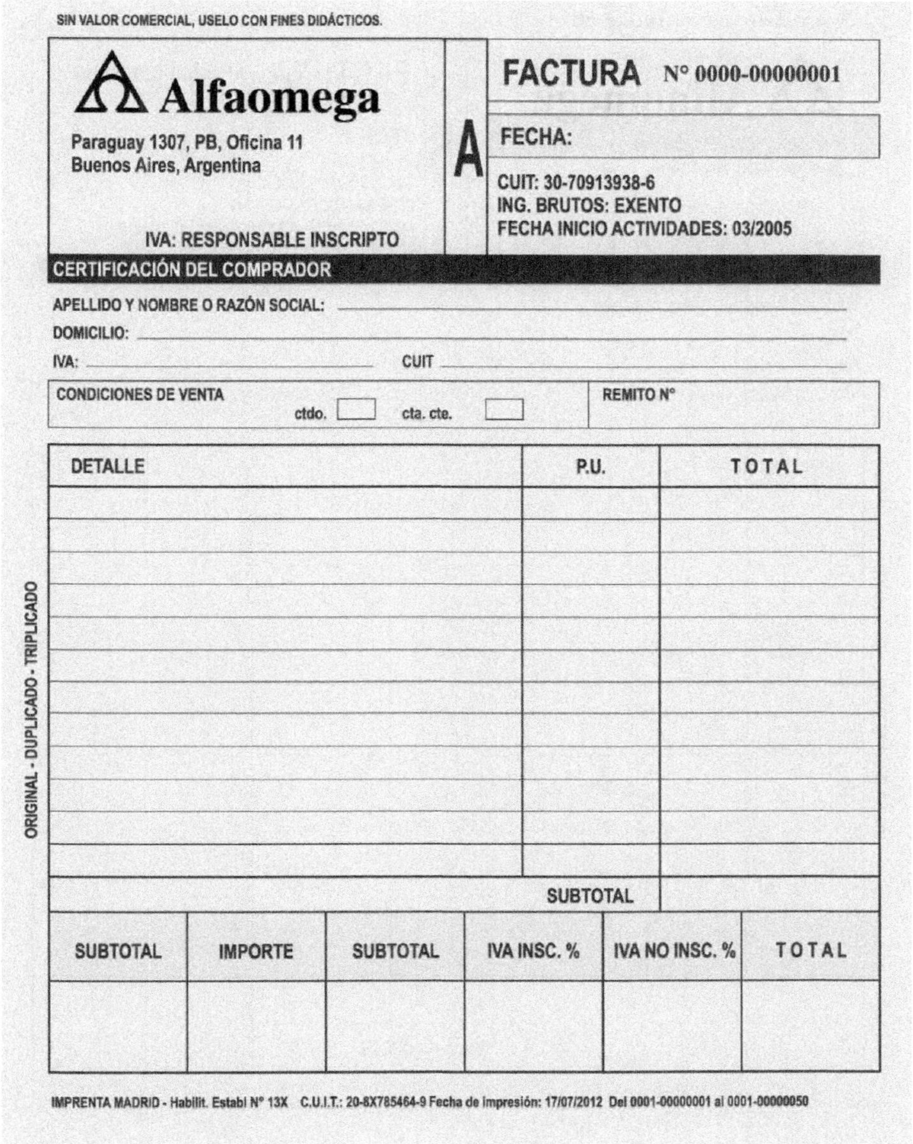

SIN VALOR COMERCIAL, USELO CON FINES DIDÁCTICOS.

Alfaomega

Paraguay 1307, PB, Oficina 11
Buenos Aires, Argentina

IVA: RESPONSABLE INSCRIPTO

A

FACTURA N° 0000-00000001

FECHA:

CUIT: 30-70913938-6
ING. BRUTOS: EXENTO
FECHA INICIO ACTIVIDADES: 03/2005

CERTIFICACIÓN DEL COMPRADOR

APELLIDO Y NOMBRE O RAZÓN SOCIAL:

DOMICILIO:

IVA: CUIT

CONDICIONES DE VENTA ctdo. cta. cte. REMITO N°

DETALLE	P.U.	TOTAL
	SUBTOTAL	

SUBTOTAL	IMPORTE	SUBTOTAL	IVA INSC. %	IVA NO INSC. %	TOTAL

ORIGINAL - DUPLICADO - TRIPLICADO

IMPRENTA MADRID - Habilit. Establ N° 13X C.U.I.T.: 20-8X785464-9 Fecha de impresión: 17/07/2012 Del 0001-00000001 al 0001-00000050

En esa forma las Facturas A permiten discriminar el impuesto que se aplica sobre dicha venta el cual se factura en forma simultánea en base al precio de la misma.

Dicho importe constituye un CRÉDITO FISCAL para el comprador y un DÉBITO FISCAL para el vendedor.

Mensualmente, se debe efectuar la liquidación del IVA que consiste en compensar los débitos y créditos fiscales de cada mes, o sea el impuesto que factura por sus ventas y el impuesto que abona en sus compras, respectivamente.

En el caso que los débitos fiscales (por ventas) sean mayores que los créditos fiscales (por compras) se deberá abonar el monto de la diferencia a la AFIP; en cambio, si los créditos fiscales (por compras) superan a los débitos fiscales (por ventas) el saldo que resulte a favor del contribuyente, será compensado en la próxima liquidación que realice.

Características de la Factura B

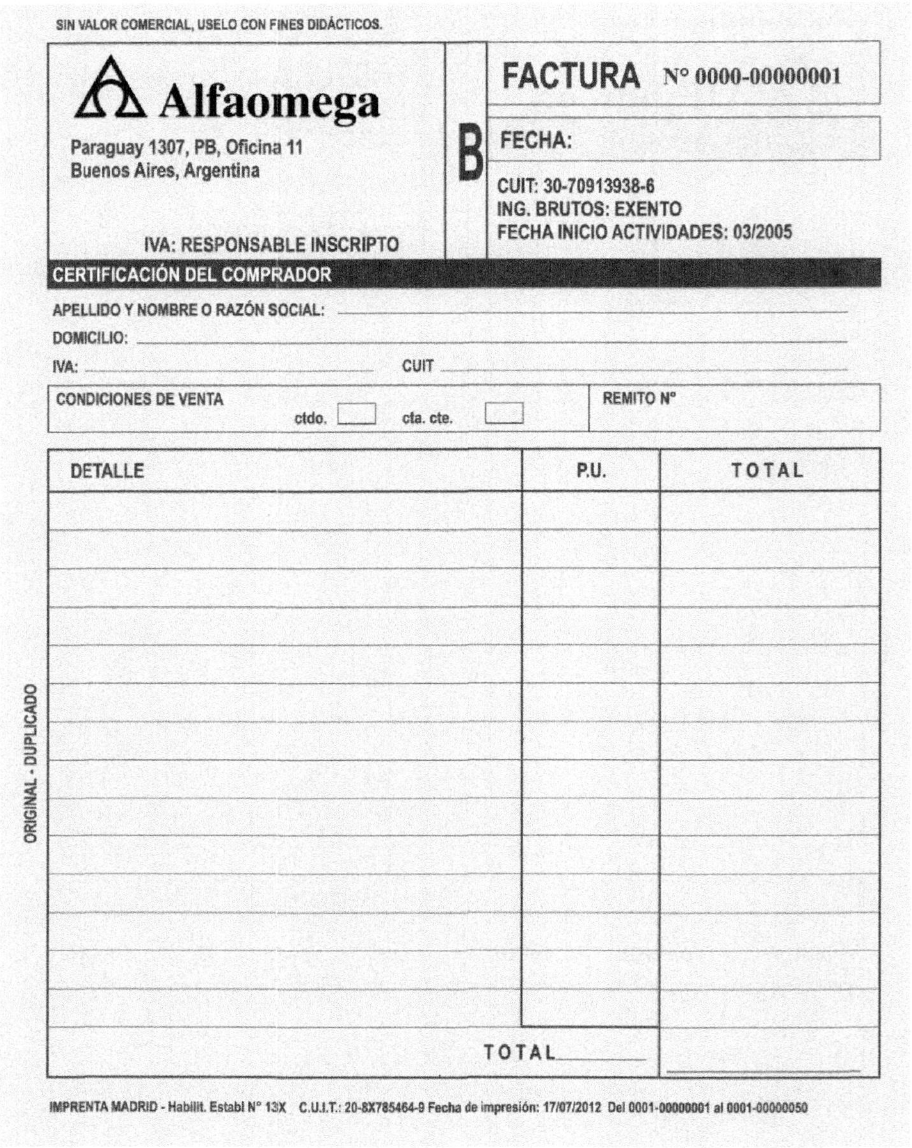
SIN VALOR COMERCIAL, USELO CON FINES DIDÁCTICOS.

Alfaomega
Paraguay 1307, PB, Oficina 11
Buenos Aires, Argentina

IVA: RESPONSABLE INSCRIPTO

B

FACTURA N° 0000-00000001

FECHA:

CUIT: 30-70913938-6
ING. BRUTOS: EXENTO
FECHA INICIO ACTIVIDADES: 03/2005

CERTIFICACIÓN DEL COMPRADOR

APELLIDO Y NOMBRE O RAZÓN SOCIAL:

DOMICILIO:

IVA: CUIT

CONDICIONES DE VENTA ctdo. cta. cte. REMITO N°

DETALLE	P.U.	TOTAL
	TOTAL	

ORIGINAL - DUPLICADO

IMPRENTA MADRID - Habilit. Establ N° 13X C.U.I.T.: 20-8X785464-9 Fecha de impresión: 17/07/2012 Del 0001-00000001 al 0001-00000050

Las Facturas B son emitidas por los responsables inscriptos.

Cuando dicha Factura B es emitida a un responsable no inscripto se recarga el impuesto (actualmente del 21% sobre la venta efectuada con un 50% más), eximiendo a éste con dicho pago de realizar una declaración posterior.

Características de la Factura C

Cuando quienes emiten una factura a quienes no se encuentran inscriptos o están exentos del pago del impuesto deben hacerlo mediante el empleo de la Factura C siendo su diseño similar al de la Factura B; en este caso el IVA se encuentra incluido en el precio de la misma y, por lo tanto, para el vendedor representa un DÉBITO FISCAL y el comprador no es responsable pues no posee CRÉDITO FISCAL alguno, dado que el impuesto ha sido abonado por el vendedor en su totalidad.

Vales o tickets

Para los casos que la venta se formalice mediante la entrega de tickets de máquinas registradoras, los mismos deben contener iguales exigencias que las establecidas para las facturas, por lo cual sus expendedores deben resolver la impresión de todos los datos exigidos en todo vale o ticket que respalde una venta al contado.

Notas de débito y Notas de crédito

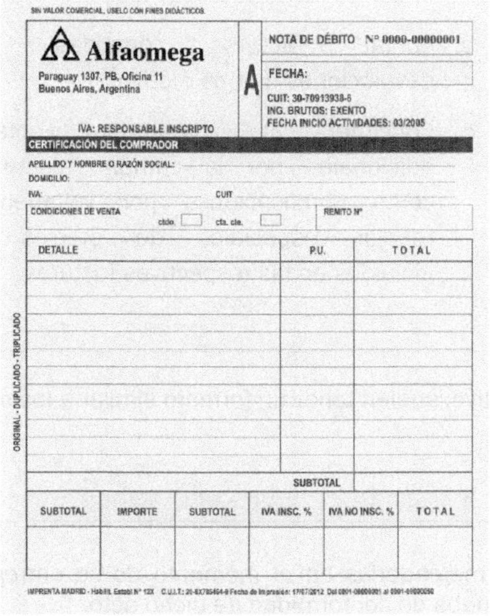
SIN VALOR COMERCIAL, USELO CON FINES DIDÁCTICOS

Alfaomega
Paraguay 1307, PB, Oficina 11
Buenos Aires, Argentina
IVA: RESPONSABLE INSCRIPTO

A

NOTA DE DÉBITO N° 0000-00000001
FECHA:
CUIT: 30-70913938-6
ING. BRUTOS: EXENTO
FECHA INICIO ACTIVIDADES: 03/2005

CERTIFICACIÓN DEL COMPRADOR
APELLIDO Y NOMBRE O RAZÓN SOCIAL:
DOMICILIO:
IVA: CUIT
CONDICIONES DE VENTA ctdo. cta. cte. REMITO N°

DETALLE	P.U.	TOTAL
	SUBTOTAL	

SUBTOTAL	IMPORTE	SUBTOTAL	IVA INSC. %	IVA NO INSC. %	TOTAL

ORIGINAL - DUPLICADO - TRIPLICADO

Nota de débito

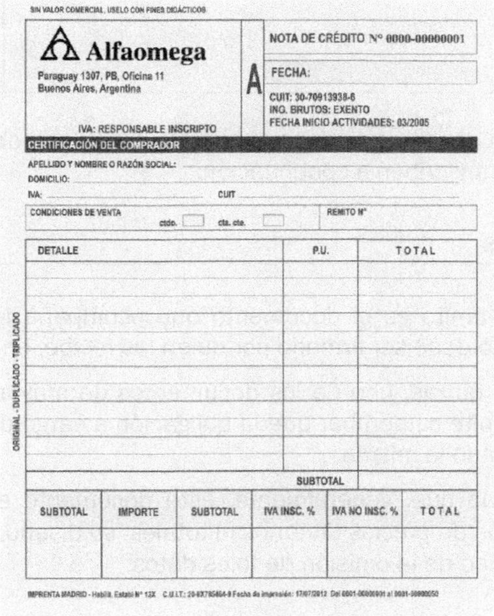
SIN VALOR COMERCIAL, USELO CON FINES DIDÁCTICOS

Alfaomega
Paraguay 1307, PB, Oficina 11
Buenos Aires, Argentina
IVA: RESPONSABLE INSCRIPTO

A

NOTA DE CRÉDITO N° 0000-00000001
FECHA:
CUIT: 30-70913938-6
ING. BRUTOS: EXENTO
FECHA INICIO ACTIVIDADES: 03/2005

CERTIFICACIÓN DEL COMPRADOR
APELLIDO Y NOMBRE O RAZÓN SOCIAL:
DOMICILIO:
IVA: CUIT
CONDICIONES DE VENTA ctdo. cta. cte. REMITO N°

DETALLE	P.U.	TOTAL
	SUBTOTAL	

SUBTOTAL	IMPORTE	SUBTOTAL	IVA INSC. %	IVA NO INSC. %	TOTAL

ORIGINAL - DUPLICADO - TRIPLICADO

Nota de crédito

La operación de compra-venta a plazo puede dar lugar a otras situaciones como consecuencia de la forma en que ésta ha sido llevada a cabo, que obliguen a rectificar algunos de los documentos emitidos con anterioridad.

En efecto, puede suceder que la entrega de las mercaderías convenidas se realice en una cantidad superior o inferior a las adquiridas por el comprador o que se facturen a precios mayores o menores de los pactados, o que la calidad de las mercaderías no sea la estipulado. o existan deterioros en la entrega que hagan imposible su posterior uso por el comprador o se produzcan errores de cálculo en la facturación, etc.

Tales situaciones obligan a realizar ajustes en las relaciones económicas entre las partes intervinientes que, en algunos casos, pueden incrementar o disminuir las sumas resultantes a satisfacer.

Dado que la operación de compra-venta cuenta para su instrumentación la emisión de un documento comercial (Factura) que determina el importe que debe abonar el comprador, es necesario corregir los importes que surgen del mismo adecuándolos a los hechos como se han presentado, mediante la emisión de otro documento que rectifique las diferencias habidas, que son los siguientes:

NOTA DE DÉBITO	NOTA DE CRÉDITO
Mediante la cual el vendedor formula al comprador cargos adicionales a la factura entregada que pueden motivarse por algunos de los siguientes conceptos, entre otros: a. Importes facturados de menos. b. Efectuar cargos por fletes y acarreos cuando se encuentren a cargo del comprador. c. Cargos por intereses o varios, etc.	Mediante la cual el vendedor reduce los cargos formulados al comprador en la factura entregada que pueden surgir, entre otros, de las siguientes situaciones: a. Importes facturados de más. b. Anular facturas emitidas por devoluciones u otros motivos. c. Conceder al comprador ventajas adicionales por la compra efectuada como bonificaciones por volumen o rebajas especiales de precios no incluidas en las respectivas facturas.

Los dos tipos de documento que tienen ese objetivo, suelen tener un formato similar a los modelos que se transcriben a continuación:

Remitos

El remito es el documento que acompaña las mercaderías en el momento de su entrega y su duplicado debe ser firmado por quien las recibe, en prueba de conformidad de dicho acto.

Es, quizás, uno de los documentos de mayor importancia en la operación de compraventa dado que permite comprobar que la obligación a cargo del vendedor ha sido cumplida y que el comprador ha conformado la misma.

Dado que, generalmente, este documento es una copia de la factura, no siendo necesaria la indicación de precios unitarios ni totales, su diseño, es común que se adapte al diseño de la factura, con la salvedad de la omisión de tales datos.

Recibo

Es el comprobante por medio del cual se documenta la cancelación de una factura, comprendido también dentro de las normas de facturación mencionadas y, por lo tanto, su emisión debe ser realizada en fórmulas con características similares a las que hemos visto para las facturas.

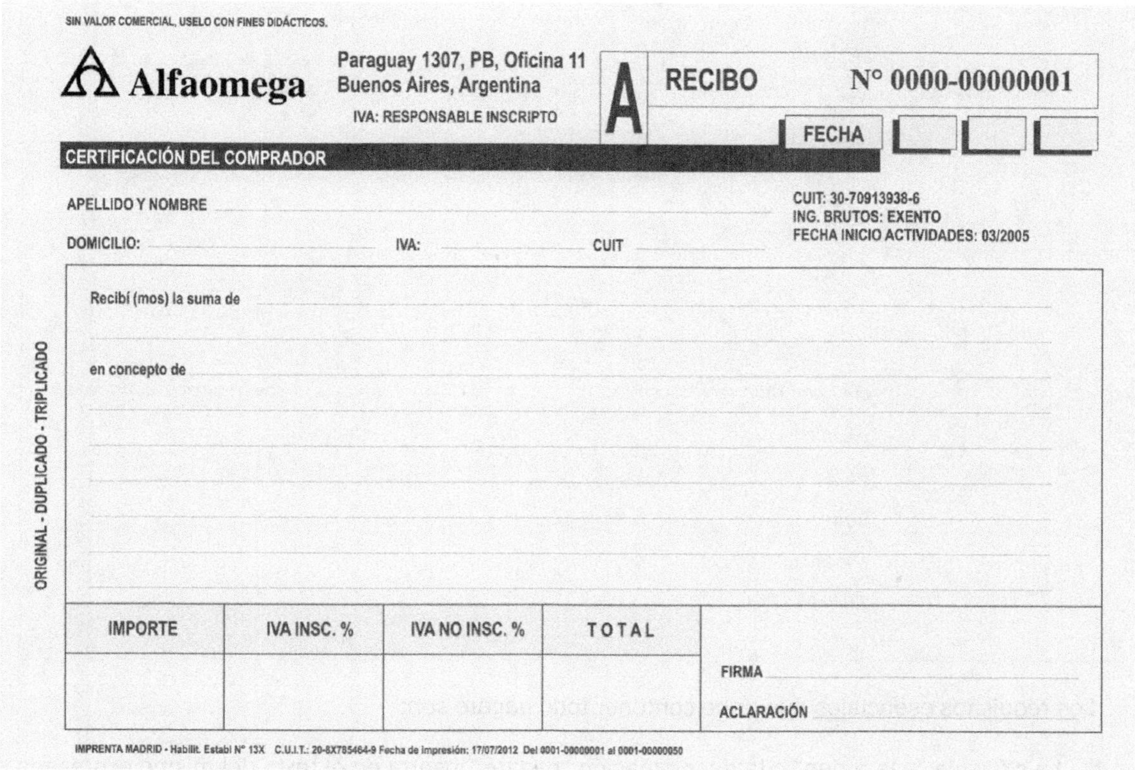

SIN VALOR COMERCIAL, USELO CON FINES DIDÁCTICOS.

Alfaomega

Paraguay 1307, PB, Oficina 11
Buenos Aires, Argentina
IVA: RESPONSABLE INSCRIPTO

A

RECIBO N° 0000-00000001

FECHA

CERTIFICACIÓN DEL COMPRADOR

APELLIDO Y NOMBRE

DOMICILIO: IVA: CUIT

CUIT: 30-70913938-6
ING. BRUTOS: EXENTO
FECHA INICIO ACTIVIDADES: 03/2005

ORIGINAL - DUPLICADO - TRIPLICADO

Recibí (mos) la suma de

en concepto de

IMPORTE	IVA INSC. %	IVA NO INSC. %	TOTAL

FIRMA

ACLARACIÓN

IMPRENTA MADRID - Habilit. Estabi N° 13X C.U.I.T.: 20-8X785464-9 Fecha de impresión: 17/07/2012 Del 0001-00000001 al 0001-00000050

Pagarés

El pagaré es una promesa escrita por la cual una persona se obliga a pagar a otra una suma determinada de dinero a una fecha cierta y estipulada en el mismo documento; el derecho al cobro de este documento puede ser también transferido a terceros mediante la operación de endoso que significa que el beneficiario del mismo lo firme al dorso; o sea que pueden intervenir las siguientes personas:

LIBRADOR, FIRMANTE O GIRADOR	Es la persona que formula la promesa de pago escrita, bajo su firma, y que ha de pagar la suma fijada al vencimiento del plazo estipulado.
BENEFICIARIO	Es la persona a cuya orden deberá ser pagado el importe establecido en el pagaré a su vencimiento.
TENEDOR O PORTADOR	Es la persona que cobrará el importe del pagaré cuando le ha sido transferido por el beneficiario u otro tenedor. Cuando el pagaré no ha sido endosado, el beneficiario y tenedor serán la misma persona.
ENDOSANTE	Si el pagaré ha sido objeto de uno o varios endosos, pueden intervenir otras personas entre el beneficiario original y el último tenedor; estas personas reciben el nombre de endosantes.

SELLADO .... *Vence el ..... de .... de 20...*

N° *Por* **$**

Buenos Aires, ... *de* .... *de 20* ....

.... *pagaré*

al Señor .... *o a su orden*

la cantidad de pesos

por igual valor recibido en .... *a nuestra entera satisfacción*

pagadero en ....

Firmante ....

Calle ....

Localidad ....

Teléfono ....

Los requisitos esenciales que debe contener todo pagaré son:

1. La cláusula "a la orden" o la denominación "pagaré" inserta en el texto del mismo expresada en el idioma empleado para su redacción.
2. La promesa pura y simple de pagar una suma determinada de dinero.
3. El plazo de pago.
4. La indicación del lugar del pago.
5. El nombre de la persona a la cual o a cuya orden debe efectuarse el pago.
6. Indicación del lugar y de la fecha en que el pagaré ha sido firmado.
7. La cantidad y especie de moneda que se ha de pagar, escrita en letras y números.
8. La firma de la persona que se compromete a pagar la suma fijada en el pagaré.

El pagaré al cual le faltare alguno de los requisitos indicados precedentemente no será válido como tal, salvo cuando no se haya indicado plazo para el pago, en cuyo caso se considera pagadero a la vista.

Nota de crédito bancaria

Es un documento por medio del cual un Banco otorga recibo de sumas de dinero o valores equivalentes (cheques) para acreditar en una cuenta que el depositante tiene abierta en el mismo y contra la cual podrá emitir cheques de su firma para realizar pagos.

Es decir que todo aquel que desee realizar pagos con cheques debe previamente abrir una cuenta corriente en un Banco y depositar en él dinero o valores equivalentes, contra los cuales podrá luego emitir cheques para realizar pagos o retirar las sumas depositadas.

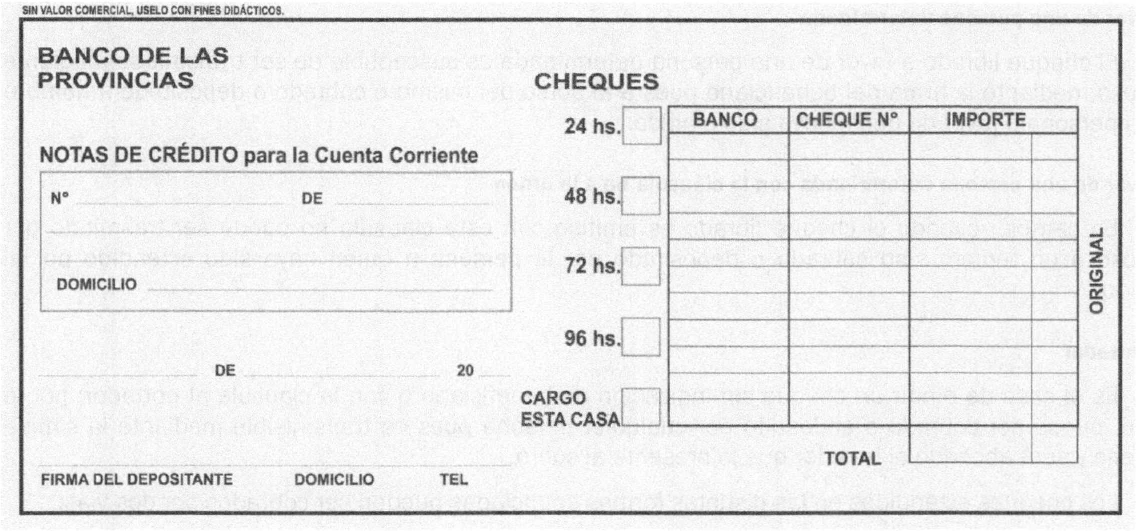
SIN VALOR COMERCIAL, USELO CON FINES DIDÁCTICOS.

BANCO DE LAS PROVINCIAS

NOTAS DE CRÉDITO para la Cuenta Corriente

N° ________ DE ________

DOMICILIO ________

________ DE ________ 20__

CHEQUES

	BANCO	CHEQUE N°	IMPORTE
24 hs.			
48 hs.			
72 hs.			
96 hs.			
CARGO ESTA CASA			
		TOTAL	

ORIGINAL

FIRMA DEL DEPOSITANTE DOMICILIO TEL

Cheques

El cheque es una orden de pago pura y simple librada contra un Banco en el cual el librador tiene fondos depositados a su orden en cuenta corriente bancaria o autorización para girar en descubierto (en caso que el Banco autorice a librar cheques que excedan los depósitos realizados por el cliente).

Se diferencia del pagaré en que éste es una promesa de pago mientras el cheque es una orden de pago a cuya presentación el Banco contra el cual ha sido librado debe hacerlo efectivo siempre que se cumplan algunas de las siguientes condiciones:

- Que el librador haya depositado fondos en cuenta corriente bancaria en el Banco contra el cual emite el cheque.
- Que el librador estuviese autorizado por el Banco a emitir cheques sin tener fondos depositados basados en sus antecedentes personales de moralidad y solvencia; es decir, que posea por parte del Banco crédito para girar en descubierto.

En el movimiento de los cheques intervienen las siguientes personas:

LIBRADOR, FIRMANTE O GIRADOR	Es la persona que firma el cheque.
BANCO GIRADOR O LIBRADOR	Es el Banco contra el cual se libra el cheque y es el que tiene que pagarlo.
BENEFICIARIO	Es la persona que recibe el cheque para cobrarlo o a favor de quien ha sido extendido.
ENDOSANTE	La o las personas a quienes se ha transferido el cheque mediante su endoso.

Veamos ahora las características de cada una de las formas de extensión de los cheques, que pueden ser emitidos:

A favor de una persona determinada

El cheque librado a favor de una persona determinada es susceptible de ser transmitido mediante endoso mediante la firma del beneficiario puesta al dorso del mismo o cobrado o depositado a nombre de la persona a favor de quien haya sido emitido.

A favor de una persona determinada con la cláusula no a la orden

En cambio, cuando el cheque librado es emitido con esta cláusula no puede ser trasmitido por endoso a un tercero sino cobrado o depositado por la persona a quien haya sido extendido por el librador.

Al portador

Es el caso de emitir un cheque sin indicación de beneficiario o con la cláusula al portador; por lo tanto, puede ser cobrado o endosado por cualquier persona pues es transmisible mediante la simple entrega y será abonado al tenedor que lo presente al cobro.

Los cheques extendidos en las distintas formas enunciadas pueden ser cobrados por dos vías:

Cobro directo, o sea en ventanilla del Banco

Los cheques extendidos a favor de una persona determinada con la cláusula a la orden y no a la orden solo pueden ser cobrados en forma directa por la persona a cuyo favor hayan sido librados, en cuyo caso el Banco procederá a verificar la identidad de la misma; en el primer caso, es decir, en aquellos que contengan la cláusula a la orden, dado sus características de ser trasmisibles por endoso, el Banco efectuará el pago al último endosante.

El cheque al portador podrá ser cobrado directamente por la persona que lo presente en ventanilla.

Cobro indirecto, mediante depósito del cheque recibido en un Banco que el beneficiario tenga abierta una cuenta corriente, a efectos de que el mismo se encargue de cobrarlo al Banco del emisor.

Cuando el librador desee que el cheque sólo pueda ser cobrado al Banco en forma indirecta, es decir, por intermedio de otro Banco o mediante su depósito en el mismo Banco contra el cual se libra, procederá a cruzar el cheque.

Cruzar un cheque significa insertar en el mismo, en el momento de su libramiento, dos líneas paralelas con o sin la leyenda No negociable u otra equivalente; en esta forma el cheque cruzado no podrá ser cobrado en ventanilla del Banco y solamente podrá ser depositado en un Banco a los efectos de hacerlo efectivo.

Cheque diferido

Durante muchos años se ha utilizado la entrega de cheques con fecha post- datada, o sea, emitidos con una fecha posterior a la que correspondía en el momento de su emisión.

En esa forma, el librador trataba de diferir el pago del mismo en razón de no contar con los fondos necesarios en forma inmediata y el receptor o beneficiario de un cheque emitido en esa forma debía esperar para su cobro hasta la fecha consignada en el mismo.

Sin embargo, ello no imponía obligación alguna, sino un pacto de caballeros entre emisor y receptor dado que, en caso de ser presentado al cobro un cheque postdatado, el Banco contra el cual fue emitido estaba obligado al pago del mismo, salvo el caso que el librador no contara con los fondos suficientes o autorización de descubierto para cubrirlo.

Con el fin de evitar ese tipo de situaciones, se estableció la emisión de Cheques Diferidos en los cuales constara claramente su fecha de emisión y la de su pago, confeccionándose al efecto, fórmulas especiales como la que se indica a continuación.

El procesamiento de la información en otras entidades u organizaciones no empresariales

La información es un recurso valioso en cualquier sistema pues el resultado de las actividades de un procesamiento de datos, por lo tanto, no es exclusivo de las empresas u organizaciones dedicadas a actividades lucrativas.

En efecto, los sistemas de información son capaces de proporcionar todo tipo de información que permita brindar a los responsables de cualquier tipo de organización, aunque no sean empresariales, que les permita contar con los elementos mínimos necesarios para adoptar decisiones de cualquier índole.

Es que el principal objetivo de cualquier sistema de información es poder mostrar las relaciones significativas entre los distintos factores que afectan a una organización con el fin de disminuir la incertidumbre que puede presentarse en su actividad y poder tomar la decisión más adecuada.

Es que toda organización (aún las no empresariales) necesitan utilizar la información para tomar decisiones, puesto que cualquier decisión puede afectarla de manera significativa tanto en el presente como en el futuro.

De allí que expresemos de manera genérica, sin tener en cuenta el tipo de organización a la cual nos referimos que un sistema de información es un conjunto de elementos relacionados entre sí y que, generalmente, interactúan también con el entorno dentro del cual desarrollan su actividad.

Y, también, expresemos que en todo sistema sin que importe su tipo, el control es una función vital pues evalúa el funcionamiento actual de toda organización o empresa, pues permite realizar los ajustes necesarios para asegurar que el sistema continúe hacia el objetivo fijado.

Por ello los sistemas de información son importantes para toda organización, pues al proporcionar a sus directivos y ejecutivos los conocimientos necesarios de sus entornos interno y externo, los ayudan al eficaz desempeño de su función.

EJERCICIO DE AUTOEVALUACIÓN

Documentos comerciales

Con el fin de establecer las distintas etapas de la compra venta y la documentación comercial que acompaña a las mismas, señalar en cada caso cuál de las partes (comprador o vendedor) es la responsable de su emisión y la receptora de las mismas, y cuál de ellas debe retener su original o duplicado, indicándola en el espacio habilitado al efecto.

Documento	Emisor	Receptor	Original	Duplicado
Orden de compra				
Nota de Venta				
Remito				
Factura				
Nota de crédito				
Nota de débito				
Nota de venta al contado				
Cheque				
Nota de crédito bancaria				
Pagaré				
Recibo de pagaré				

Práctica de llenado de los Documentos Comerciales

Con el fin de llevar a cabo esta práctica el alumno dispone de un ejemplar de cada uno de los documentos comerciales mencionados en el cuadro anterior en los cuales deberá volcar la o las operaciones que el Docente le indique. Del ejemplar podrá imprimir la cantidad necesaria para llevar a cabo el registro de la o las operaciones que requiera

Dichos documentos pueden solicitarlos en el archivo informático siguiente:

www.alfaomegaeditor.com.ar/escolar

al cual podrá acceder utilizando el procedimiento indicado en la página VI de esta obra.

Operación tipo para el llenado de los Documentos Comerciales

Sin perjuicio de la o las operaciones que el Docente a cargo de su curso indique tener en cuenta para el llenado de los Documentos Comerciales, éste podrá disponer que cada alumno proceda al llenado de los mismos de acuerdo a la enseñanza recibida en aula y al texto contenido en el Capítulo 2.

Recordamos al efecto las instrucciones contenidas en el anuncio que se encuentra al comienzo de esta obra respecto del procedimiento a seguir para obtener un facsímil de los documentos comerciales para realizar esta tarea, que pueden ser:

- Nota de venta al contado
- Nota de crédito
- Orden de Compra
- Resumen de cuenta
- Nota de venta
- Cheque
- Facturas A o B
- Pagaré
- Remito
- Recibo
- Nota de débito

CAPÍTULO 4

Información externa

INTRODUCCIÓN

Todo Sistema de Información Contable constituye el medio a través del cual se suministra información sobre el patrimonio de una empresa y su evolución, por medio de los datos extraídos de sus registros de las operaciones realizadas, adecuados a la realidad económica y durante un período determinado.

Por lo tanto, su objetivo principal es brindar a sus responsables la información necesaria que les permita servir para la toma de sus decisiones.

Para ello, los mismos disponen de dos clases de informaciones:

- ***Internas***, originada dentro de la misma empresa
- ***Externas***, proveniente de las obtenidas fuera de la empresa

Entre las primeras se encuentran todas aquellas que surgen de los documentos comerciales emitidos y recibidos por la empresa, resultantes de todas las operaciones realizadas, que respaldan las mismas y son utilizados para su registro y comprobación; sobre ellos nos hemos referido en nuestro capítulo anterior.

Respecto de las informaciones externas hemos de dedicar el siguiente capítulo para su desarrollo.

INFORMACIÓN EXTERNA

La información externa es aquella que se refiere a hechos o sucesos que se producen en el contexto de una empresa, los cuales son captados e interpretados por ella de acuerdo con las informaciones que recibe fuera de ella, en la medida que puedan afectar su actividad o sus objetivos y ser tenidas en cuenta en la toma de sus decisiones por parte de los responsables de la misma.

Entre esas informaciones que proceden fuera de la empresa, se encuentran las siguientes:

- Medios generales, informaciones provistas por empresas que participan en encuestas, medios de difusión, etc.
- Medios específicos, informaciones recogidas por las necesidades de sus compradores, proveedores, medios gráficos especializados, etc.
- Informaciones del mercado en el cual actúa.

En efecto, existe un importante número de publicaciones (comerciales, industriales, de gobierno, profesionales del campo de los negocios, etc.) que se encuentran disponibles sea por suscripción, consulta en bibliotecas, pedidos especiales y también las agencias gubernamentales que acostumbran brindar informaciones sobre una amplia variedad de temas que se encuentran disponibles a pedido quienes las requieran.

Tal es el caso de informaciones sobre cálculos demográficos, producto nacional bruto total y per cápita como así también otras que son útiles a las empresas y constituyen fuentes importantes de información para relacionar sus datos con los que ellas trasmiten.

DISTINTOS TIPOS DE INFORMACIÓN

Características

El directivo o gerente debe ser consciente de las características que debe reunir la información proveniente de distintas fuentes, a fin que para su utilización debe considerar aquellas que son necesarias para convertirse en una información útil sobre la cual pueda adoptar una decisión.

Por ello, hemos considerado la conveniencia de reunir en el siguiente cuadro, aquellas características que juzgamos mínimas a los efectos de ser viable a tal propósito.

CARACTERÍSTICAS MÍNIMAS QUE DEBE REUNIR LA INFORMACIÓN	
IMPARCIALIDAD	No debe reflejar prejuicio alguno y, por lo tanto, no contener desviaciones intencionales o puntos de vista distorsionados con la realidad.
VALIDEZ	Que sea significativa y relevante para el objetivo para el cual se encuentra destinada. Es decir que debe responder a la realidad para la cual se aplique averiguando si existen otros factores que pueden haber ocasionado un cambio o una diferencia posterior a su consideración.
CONFIABILIDAD	Debe guardar la fidelidad de la imagen que la información intenta describir habiendo sido obtenida luego de una profunda investigación o importante encuesta de casos numerosos.
CONSISTENCIA	Debe basarse en datos homogéneos que guarden similitud en la comparación de los elementos necesarios para el objetivo deseado o sea que los factores en los que se basa sean los mismos para cada parte de la información.
ANTIGÜEDAD	Es uno de los factores más importantes pues debe referirse a acontecimientos o comparaciones recientes, pues cuanto mayor sea la antigüedad, tanto más será cuestionable su valor para los usuarios: el retraso puede ser el resultado del tiempo requerido para reunir y procesar datos o lograr el acceso a la información.
PERTINENCIA	Debe relacionarse con la situación en cuestión. La información pertinente en un momento tal vez no lo sea en otro, si no acrecienta el conocimiento que necesita quien va a decidir.
INTEGRIDAD	Proporciona al usuario todos los detalles que necesita para entender la situación. Rara vez se encuentra la información completa (certidumbre).

Tipos de información

Los directivos de las empresas, a los fines de tomar alguna decisión, cuentan, en general, con diversas fuentes de información, algunas de carácter formal, que surgen de su propia organización y, otras, informales o causales que recibe de otras fuentes.

Por ello, dado la amplitud y diversidad de las mismas, hemos extraído de la obra de Murdick, Sistemas de Información Administrativa el siguiente cuadro que las resume con bastante claridad

FUENTES DE INFORMACIÓN PARA GERENTES		
	FORMALES	**INFORMALES-CAUSALES**
INTERNAS	Informes provenientes de ge- rentes del mismo rango. Informes provenientes de subordinados. Informes generados por computadora. Interacción dentro de la computadora. Reuniones del personal staff programadas periódicamente.	Pausas para tomar café. Convivencia con otros empleados.
EXTERNAS	Investigación de mercadotecnia. Organización del estudio ambiental. Encuestas entre clientes. Correspondencia con el gobierno.	Medios de prensa. Amistades. Clientes y proveedores.
EXHIBICIONES MERCANTILES	Suscripciones a revistas de administración. Servicios de información comercial. Informes de la industria.	Programas de educación continua.

Sin perjuicio de ello, resulta necesario conocer también otras posibles fuentes de información que, en principio, podríamos clasificar de la siguiente manera:

Informaciones primarias, son las que deben recabarse para un fin específico; por lo cual, cuando esa información tan necesaria (que llamamos primaria) no exista en ningún lugar conocido o accesible, debe tratarse de obtenerla de manera directa en alguna de las siguientes formas:

FORMAS DE OBTENCIÓN DE LA INFORMACIÓN PRIMARIA	
OBSERVACIÓN	Cuando se relacionan acontecimientos que pueden evaluarse entre sí.
EXPERIMENTACIÓN	Cuando se incluyen entre las fuentes experimentos controlados que permiten ser evaluados por su impacto sobre un problema en particular.
ENCUESTA	Uno de los métodos más comunes para obtener información, ya que permite llegar a un gran número de fuentes.
VALORACIÓN SUBJETIVA	Que combina la información objetiva de la que ya se dispone con introspección o intuición basada en la experiencia personal de un campo determinado.

Informaciones secundarias, en caso que, cuando por problemas de tiempo o de costos no puedan obtenerse las informaciones que consideramos primarias, siempre que sea factible y respondan al objetivo deseado, se suele también recurrir a las llamadas informaciones secundarias, en alguna de las siguientes fuentes:

1. Información interna de la propia compañía.

2. Informaciones obtenidas de fuentes externas.
3. Publicaciones e instituciones oficiales.

En realidad, tanto las informaciones de fuentes primarias como las de fuentes secundarias, proporcionan a los directivos de las organizaciones los elementos necesarios para ser utilizados en la solución de problemas y de la toma de decisiones.

La selección de una fuente en particular dependerá entonces de la información que se requiera y cómo será empleada; por lo tanto, no puede decirse que una fuente sea mejor que otra.

Relación e incidencia

Sin duda alguna, tanto las informaciones de fuente primaria como secundaria presentan sus ventajas y desventajas.

Es importante señalar aquellas que James A. Senn incluye en su obra Sistemas de Información para la Administración, que transcribimos a continuación:

FUENTES	VENTAJAS	DESVENTAJAS
A. PRIMARIAS		
OBSERVACIÓN	Conocimiento de primera mano. Evita respuestas distorsionadas.	La observación puede no ser exacta.
EXPERIMENTO	Control sobre las variables de interés. Diseño del experimento.	Puede no ser representativo.
ENCUESTA	Modo eficiente de llegar a grandes grupos de personas. Diseño del cuestionario.	Tamaño de la encuesta.
ESTIMACIÓN	Información de los expertos. Puede ser la única manera de obtener alguna información.	La respuesta puede no ser confiable.
B. SECUNDARIAS		
LA INFORMACIÓN DE LA PROPIA EMPRESA	Es específica para la situación. Relativamente poco costosa.	Puede no ser oportuna. Ya existente. Puede no estar integrada en forma adecuada o en forma útil.
INFORMACIÓN DE FUENTES EXTERNAS	No puede obtenerse de otro modo. Publicaciones.	Es costosa de adquirir. Puede tener deformación.
ORGANIZACIÓN DEL GOBIERNO	Imparcial. Gran volumen de datos.	Puede no ser utilizable.

INFORMACIÓN RELEVANTE PARA LA TOMA DE DECISIONES

En realidad, la base de toda información son los datos, aunque no todos estos representan una información útil, salvo aquellos que sean concernientes a las necesidades de la dirección en cada momento determinado

Por ello, la mayor utilidad que presenta la información de una empresa, tanto de carácter interna obtenida en base a la documentación respaldatoria, que hemos visto en sus operaciones básicas (Capítulo 3), como aquella externa obtenida fuera de la empresa que hemos identificado anteriormente, es servir de apoyo a la toma de decisiones por parte de sus administradores.

Pero para ello es imprescindible la valoración de la misma por parte de éstos, a cuyo fin deben analizar si dichas informaciones reúnen las condiciones necesarias para servir a dichos propósitos.

Es que la decisión que tomen dichos administradores es un proceso por medio del cual las personas que sean responsables de un área, sección, departamento o gerencia de la empresa, deberá surgir de una elección entre las informaciones recibidas, a efectos de considerar la más apropiada, para resolver una determinada situación bajo su responsabilidad.

De allí que, los sistemas de información existentes en toda empresa colaboren en la comunicación y distribución de la información a todos los responsables de tomar decisiones en la empresa, proporcionando una asistencia insustituible a los mismos para llevar a cabo ese proceso de decisión

No debemos olvidar que los sistemas de información que apoyan las decisiones constituyen la entrada (input) de un proceso de decisión, pero no pueden sustituir en forma alguna el juicio de valor que realiza el responsable de una empresa u organización que debe llevarla a cabo.

Es decir, que debe quedar bien en claro, que los sistemas de información proporcionan información a los directivos o gerentes de una empresa para que éstos puedan emitir juicio sobre las distintas situaciones que se presenten en la misma dicha información si bien es absolutamente necesaria también debe ser relevante a éstos para tales fines.

EJERCICIO DE AUTOEVALUACIÓN

Tipos de información

Marcar con una X en la o las columnas que correspondan las características que asumen las distintas fuentes de información indicadas.

Fuente de información	Formales	Informales	Internas	Externas
Reuniones periódicas con el staff				
Correspondencia con el Gobierno				
Medios de prensa				
Encuestas con clientes				
Informes de subordinados				
Informes de la industria				
Investigación mercadotecnia				
Programas de educación				
Servicios de información comercial				
Informes generados por computadora				
Estudios ambientales				
Exhibiciones mercantiles				
Informes de gerentes del mismo ramo				
Amistades				

CAPÍTULO 5

El patrimonio

CONCEPTO

El patrimonio comprende el conjunto de bienes y deudas correspondientes a una persona o empresa; es decir que, de acuerdo con dicho concepto, sus elementos constitutivos son:

1. Los bienes que se poseen.
2. Las obligaciones o deudas.
3. El patrimonio neto o sea la diferencia entre los bienes y deudas.

A los primeros (bienes) se los designa con el nombre de componentes o elementos activos o ACTIVO y a los segundos componentes o elementos pasivos o PASIVO, siendo el PATRIMONIO NETO la diferencia entre ambos componentes.

Podríamos representar gráficamente dichos conceptos en la siguiente forma:

<table>
<tr><td rowspan="2">ACTIVO</td><td>PASIVO</td></tr>
<tr><td>PATRIMONIO NETO</td></tr>
</table>

Constituyendo la empresa una unidad económica independiente de su propietario o de sus socios o accionistas (sociedad), los componentes del pasivo son aquellos que han aportado los fondos necesarios para adquirir sus bienes: los terceros (Deudas) que los han vendido a la empresa y los dueños o accionistas mediante el aporte personal que representa el Patrimonio Neto de la empresa que a estos efectos suele denominarse Capital de la misma.

¿QUÉ ENTENDEMOS POR BIENES?

El término bien suele ser confundidos en el lenguaje común con el de cosas aun cuando entre ellos existen aspectos que los diferencian claramente.

En efecto, por cosas entendemos todos aquellos objetos materiales (de apariencia física susceptibles de tener valor; en cambio, el concepto de bienes, es mucho más general, pues se aplica a todas las cosas y a los demás objetos susceptibles de tener valor aún cuan no tengan apariencia física (inmateriales); entre estos últimos se encuentran todos aquellos créditos o derechos en dinero que se posean sobre otra persona, documentos que representen dinero como las acciones, títulos, bonos, etc.

Entre las cosas u objetos corporales susceptibles de tener valor que forman parte de los bienes se encuentran:

- Muebles. que son considerados como tales las cosas que pueden transportarse de un lugar a otro, sea moviéndose por sí mismas (ganado), sea que sólo se muevan por una fuerza extraña (por ejemplo, una mesa).
- Inmuebles, son aquellos que se encuentran inmovilizados y. por lo tanto, no pueden ser trasladados de un lugar a otro.

BIENES ECONÓMICOS Y NO ECONÓMICOS

Dentro del concepto de bienes podemos distinguir aquellos que pueden ser valorados en dinero, de aquellos que representan valores afectivos o individuales.

- Bienes económicos, que, generalmente, se encuentran en cantidades limitadas y son deseados por todas las personas, lo cual les asigna un valor en dinero que éstas están dispuestas a pagar por aquellos. Tal el caso de todos aquellos que adquirimos a diario (como alimentos, vestidos, etc.)
- Bienes no económicos, que solo representan valor para quienes los poseen (como el caso del retrato de un pariente) o que, por encontrarse en cantidades ilimitadas en la Naturaleza, como el agua, ninguna persona le asigna valor alguno en dinero.

En esta materia solamente nos interesan los primeros, es decir los bienes económicos, pues por medio de su valor en dinero podemos considerar la mayor o menor importancia que tienen en la actividad de los negocios.

BIENES PROPIOS Y AJENOS

En general, toda persona es propietaria de una cantidad grande o pequeña de bienes (materiales e inmateriales).

Sin embargo sucede comúnmente, que adquirimos bienes a terceras personas sin poder completar con nuestro dinero el valor de los bienes adquiridos una parte de dicha valor que no abonamos, lo cual representa para nosotros una deuda a favor de ese tercero; es decir que si bien disfrutamos de ese bien que poseemos, se presenta la particularidad que una parte del valor del mismo ha sido adquirido con bienes propios (la suma que hemos pagado) y, la otra parte de su valor ha sido adquirida con bienes ajenos (la parte que no hemos pagado y nos resta abonar).

Esta relación tan común que se crea entre dos personas que han realizado una operación comercial por medio de la cual una de ellas (el vendedor) puede exigir a la otra (el comprador) la parte no abonada, se conoce con el nombre de Crédito para el primero y Deuda para este último y define la posición de ambas personas y el carácter que asumen respecto del importe pendiente de cancelación.

ESTRUCTURA Y COMPOSICIÓN

Los conceptos anteriores nos han permitido definir con mayor precisión la estructura del Patrimonio que hemos reflejado en el esquema transcripto más arriba.

Del mismo se deduce su composición ya que:

- El ACTIVO es el conjunto de bienes materiales o inmateriales que posee una empresa; entre sus componentes se encuentran sus disponibilidades en cheques y dinero efectivo (que representamos como CAJA), los saldos adeudados por sus clientes (DEUDORES), los productos que vende y elabora (MERCADERÍAS), los pagarés a cobrar (DOCUMENTOS A COBRAR), etc.

- El PASIVO se encuentra constituido por las Deudas a favor de terceros entre otras por compras efectuadas a plazo (ACREEDORES) o pagarés emitidos a los mismos (OBLIGACIONES A PAGAR).

- El PATRIMONIO NETO, que resulta de las diferencias entre los componentes anterior, son bienes aportados por los titulares de la empresa que no se encuentran sujetos a devolución y que tienen el derecho a gozar de las utilidades o ganancias o servir para soportar las pérdidas que se produzcan en su actividad.

FUNCIÓN DEL PATRIMONIO

Dos características esenciales presentan el patrimonio de una empresa u organización como instrumento de las personas que lo poseen mediante su aporte a la misma:

- Es un recurso de inversión, pues posibilita la obtención de un beneficio por la utilidades o ganancias que puedan obtenerse de la actividad de la empresa o en caso de su colocación en préstamo a las mismas o a cualquier institución bancaria (depósitos en caja de ahorro o plazo fijo) por los intereses que puedan producirle.

- Es una fuente de financiamiento para las empresas u organizaciones que pueden obtener así fondos para su actividad en el caso de terceros o incrementar su capital disponible para incrementarla.

EJERCICIOS DE AUTOEVALUACIÓN

El patrimonio

Asentar en el cuadro inferior el componente y monto faltantes para completar la igualdad patrimonial

1) Si el valor del ACTIVO es de $ 100.000 y el valor del PATRIMONIO NETO es de $ 80.000 ¿Cuál es el valor del PASIVO?
2) Si el valor del PATRIMONIO NETO es de $ 200.000 y el valor del PASIVO es de $ 50.000¿Cuál es el valor del ACTIVO?
3) Si el valor del ACTIVO es de $ 50.000 y el valor del PASIVO es de $ 10.000 ¿Cuál es el valor del PATRIMONIO NETO?
4) Si el ACTIVO está formado por: CAJA $ 1.000 y DEUDORES $ 3.000, el PASIVO está formado por ACREEDORES $ 5.000 y el PATRIMONIO NETO por $ 20.000 ¿Cuál será el valor de MERCADERÍAS en el ACTIVO?
5) Si el ACTIVO está formado por: CAJA $ 10.000 MERCADERÍAS $ 20.000 y DEUDORES $ 5.000 y el PASIVO está formado por ACREEDORES $ 25.000 ¿Cuál es el valor del PATRIMONIO NETO?
6) Supongamos este PATRIMONIO: CAJA $ 10.000 MERCADERÍAS $ 50.000 (Activo) y ACREEDORES 15.000 y CAPITAL $ 80.000 (Pasivo) ¿Cuál es el valor de BANCO?
7) Si el ACTIVO está formado por CAJA $ 5.000 y DEUDORES $ 20.000 y el PASIVO por ACREEDORES $ 10.000 ¿Cuál será el valor del PATRIMONO NETO?
8) Si el PATRIMONIO NETO es de $ 50.000 y existe un ACTIVO formado por $ 30.000 en MERCADERÍAS y $ 20.000 en DEUDORES ¿Cuál será el valor de ACREEDORES?
9) Si entre los COMPONENTES PASIVOS tenemos ACREEDORES por $ 130.000 y OBLIGACIONES A PAGAR por $ 65.000 y entre los ACTIVOS CAJA por $ 285.000 ¿Cuál es el valor del PATRIMONIO NETO?

PREGUNTA Nro.	RESPUESTAS.	PREGUNTA Nro.	RESPUESTA	PREGUNTA Nro.	RESPUESTA
1		4		7	
2		5		8	
3		6		9	

CAPÍTULO 6

Movilidad patrimonial

LA IGUALDAD PATRIMONIAL

El patrimonio, tal cual lo hemos definido en nuestro anterior capítulo, puede ser reflejado por medio de los valores asignados a cada uno de los conceptos que se incorporan al mismo, representados por medio de una igualdad en la que el Activo represente los valores que se incorporan, el Pasivo las deudas contraídas por los valores incorporados, resultando el Patrimonio Neto o Capital como la diferencia entre ambos conceptos:

ACTIVO – PASIVO = PATRIMONIO NETO O CAPITAL

Esta representación matemática ha sido llamada erróneamente como una ecuación patrimonial y no como una igualdad patrimonial, siendo la base de toda la técnica contable que permite realizar el registro de cualquier operación empresaria, no solo utilizada para representar el momento inicial de una empresa, sino también su situación en cualquier momento en que ella se encuentre, luego de registradas las operaciones realizadas.

En realidad la diferencia entre ambos términos (ecuación e igualdad) radica en que una ecuación matemática contiene una, dos o tres incógnitas que deben ser resueltas en base a un procedimiento que la misma disciplina ha impuesto; en cambio, una igualdad no contiene incógnita alguna sino representa un equilibrio permanente en el cual la suma de los valores de ambos términos debe igualarse, cualquiera sea el tipo de operación que modifique o altere su composición y/o sus valores.

Movilidad patrimonial

Este último concepto le confiere al patrimonio una constante movilidad por lo cual, en principio, estudiaremos las modificaciones que pueden presentarse en esa igualdad, como consecuencia de las operaciones llevadas a cabo en la actividad de una empresa.

Modificaciones permutativas o neutras

En algunos casos, las operaciones que realiza una empresa sólo producen me- ros cambios o permutaciones de bienes, derechos o deudas, no alterándose el valor de la diferencia entre su ACTIVO y su PASIVO, es decir manteniendo el valor de su PATRIMONIO NETO o CAPITAL como diferencia entre ambos.

Son las llamadas operaciones permutativas o neutras; en tales casos, el registro de tales cambios solo modifica los valores de los distintos conceptos, de manera tal que no se produce alteración alguna en la diferencia existente entre el ACTIVO y el PASIVO.

Para una mejor comprensión recurriremos a algunos ejemplos partiendo del aporte de un capital inicial a una empresa formado por $ 50 en dinero en efectivo, mercaderías por $ 100, cuenta a cobrar por $ 100 y deudas a pagar por $ 100, cuyo patrimonio puede representarse de acuerdo al siguiente esquema en el cual hemos asignado los valores monetarios a cada uno de sus componentes, utilizando al efecto dos formas de presentación, con el fin de ir habituándonos a las que veremos más adelante para exponer los estados contables o balances:

A. Presentación horizontal

ACTIVO						=	PASIVO + PATRIMONIO NETO		
Op.	CAJA	+	MERCADERÍAS	+	DEUDORES	=	ACREEDORES	+	CAPITAL
1	50	+	100	+	100	=	100	+	150

B. Presentación vertical

ACTIVO		=	PASIVO	
Caja Mercaderías Créditos	$ 50		Acreedores	$ 100
	$ 100		PATRIMONIO NETO Capital	$ 150
	$ 100			
	$ 250			**$ 250**

Veremos ahora algunos de los casos más frecuentes en la actividad de una empresa que producen modificaciones neutras o permutativas:

Cambio de un valor activo por otro valor activo

Partiendo del esquema anterior, consideremos la adquisición de mercaderías por $ 30, pagada con el dinero en efectivo que se poseía. El nuevo esquema, en sus dos presentaciones, será el siguiente:

A. Presentación horizontal

ACTIVO						=	PASIVO + PAT. NETO		
Op.	CAJA	+	MERCADERÍAS	+	DEUDORES	=	ACREEDORES	+	CAPITAL
Inicial	50	+	100	+	100	=	100	+	150
Compra	-30	+	30			=			0
Actual	20	+	130	+	100	=	100	+	150

B. Presentación vertical

ACTIVO		=	PASIVO	
Dinero Mercaderías Créditos	$ 20		Acreedores	$ 100
	$ 130		PATRIMONIO NETO Capital	$ 150
	$ 100	+		
	$ 250			**$ 250**

Según puede observarse el valor del capital o patrimonio neto no ha sido alterado y solamente se ha producido un cambio en la composición del activo, como consecuencia del reemplazo del dinero en efectivo por el valor en que se ha incrementado el de las mercaderías existentes.

Aumento de un valor activo con un correlativo aumento de un valor pasivo

Este es el clásico caso de una adquisición realizada a crédito o a plazo por medio de la cual se incorpora un bien al patrimonio y correlativamente se contrae una deuda.

Se produce, entonces, un aumento de los valores del activo y un aumento de los valores del pasivo por igual cantidad, pero sin alterar en absoluto el valor del capital patrimonio neto.

Veamos el mismo caso anterior suponiendo que la compra de un escritorio hubiese sido realizada a crédito o a plazo como comúnmente se dice, y analicemos cómo se habría modificado el esquema inicial.

A. Presentación horizontal

ACTIVO						=	PASIVO + PAT. NETO		
Op.	CAJA	+	MERCADERÍAS	+	DEUDORES	=	ACREEDORES	+	CAPITAL
Inicial	50	+	100	+	100	=	100	+	150
Compra		+	30		0	=	30		0
Actual	50	+	130	+	100	=	130	+	150

B. Presentación vertical

ACTIVO		=	*PASIVO*	
Dinero Mercaderías Créditos	$ 50		Acreedores	$ 130
	$ 130		PATRIMONIO NETO Capital	$ 150
	$ 100	+		
	$ 280			**$ 280**

Donde puede observarse que el valor del capital tampoco se ha modificado, no así el correspondiente al activo y al pasivo que se han incrementado, cada uno, en una similar cantidad.

Según veremos más adelante las compras de mercaderías que se realizan como la actividad propia de la empresa, son gravadas con un impuesto especial llamado IVA el cual incrementa el valor de las mismas; por razones de metodología omitimos su consideración en esta oportunidad para facilitar la comprensión de su incidencia en el patrimonio.

Disminución de un valor activo con una correlativa disminución de un valor pasivo

Es el caso inverso al anterior y se presenta comúnmente cuando se cancelan deudas; supongamos al efecto, ahora partiendo del esquema anterior, que cancelemos $ 30 de las deudas existentes:

A. Presentación horizontal

ACTIVO						=	PASIVO + PAT. NETO		
Op.	CAJA	+	MERCADERÍAS	+	DEUDORES	=	ACREEDORES	+	CAPITAL
1	50	+	100	+	100	=	130	+	150
Pago	-30	+	30		0	=	-30		0
Actual	20	+	130	+	100	=	100	+	150

B. Presentación vertical

ACTIVO		=	PASIVO	
Dinero Mercaderías Créditos	$ 20	+	Acreedores	$ 100
	$ 130		PATRIMONIO NETO Capital	$ 150
	$ 100			
	$ 250			**$ 250**

En la cual el valor del capital tampoco ha sufrido alteración alguna.

Modificaciones positivas y negativas

En cambio, cuando las operaciones que realiza una empresa producen diferencias entre los valores del ACTIVO y PASIVO, que modifican a su vez el valor del CAPITAL o PATRIMONIO NETO, se presentan los llamados resultados traducidos en pérdidas o ganancias, o sea disminuciones o aumentos del mismo.

Quizás sea esto último, lo más común en las operaciones empresarias, por cuanto la actividad de las mismas se encuentra encaminada a obtener un beneficio o utilidad; en la búsqueda de tal fin, también puede presentarse un proceso inverso (pérdida u operaciones que no conducen al logro de dicho objetivo).

Es decir que las operaciones pueden producir ganancias (resultados positivos) o pérdidas (resultados negativos) y, como consecuencia de ellas, se producen cambios en el patrimonio neto; dado la importancia de cada una de ellas y las distintas variantes que pueden asumir, nos hemos de detener a continuación a su consideración en particular en ambos casos.

Dado que los siguientes ejemplos se basan en la venta de mercaderías ratificamos lo expresado anteriormente respecto de la incidencia que en este tipo de operaciones tiene el Impuesto al Valor Agregado que omitimos por razones de metodología.

Modificaciones positivas

Como hemos dicho, el objetivo principal de toda empresa es la obtención de utilidades o ganancias, que, cuando se logran, incrementan el capital aplicado a la misma.

Las modificaciones patrimoniales positivas son aquellas que aumentan el capital de la empresa y, por lo tanto, suponen a su vez un incremento en el Activo o una disminución en el Pasivo.

Tal el caso de una cobranza por alquileres o por una comisión, por ejemplo, que producen un ingreso de dinero, o sea un incremento en nuestro Activo.

Veamos, siguiendo nuestro desarrollo, como se presenta una situación de esta naturaleza en la composición del patrimonio inicial que hemos elegido para nuestros ejemplos, representando una operación de cobranza de alquileres en dinero efectivo por la suma de $ 25.

A. Presentación horizontal

ACTIVO						=	PASIVO + PATRIMONIO NETO				
Op.	CAJA	+	MERCAD.	+	DEUDORES	=	ACREED.	+	CAPITAL+GANANCIA		
1	50	+	100	+	100	=	100	+	150		
Cobro	50					=				+	50
Actual	100	+	100	+	100	=	100	+	150	+	50

B. Presentación vertical

ACTIVO			=	PASIVO		
Dinero Créditos	Mercaderías	$ 100 $ 100 $ 100	+	Acreedores PATRIMONIO NETO • Capital • Ganancias	$ 150 $ 50	$ 100 $ 200
		$ 300				**$ 300**

Hemos separado las ganancias habidas por el cobro de alquileres para distinguir mejor el incremento de capital que se produce.

Modificaciones negativas

Así como las modificaciones patrimoniales positivas incrementan el capital de la empresa como consecuencia de la obtención de ganancias o utilidades logradas en su actividad, las pérdidas provocan modificaciones patrimoniales negativas que disminuyen su capital; tal el caso de la realización de cualquier gasto.

A los fines de señalar gráficamente cómo inciden este tipo de modificaciones patrimoniales, nos referiremos al caso de un pago de un gasto, comisiones o intereses que motivan una salida de dinero no compensada con el ingreso de ningún valor equivalente (como la compra de un mueble o de mercaderías) constituyendo por sí solo una pérdida para la empresa o se una disminución de su PATRIMONIO NETO o CAPITAL.

A. Presentación horizontal

Supongamos al efecto el pago de gastos por la suma de $ 20 y comparemos al igual que en el caso anterior el patrimonio resultante con el inicial de la empresa según se indica continuación

ACTIVO						=	PASIVO + PATRIMONIO NETO				
Op.	CAJA	+	MERCAD.	+	DEUDORES	=	ACREED.	+	CAPITAL-PÉRDIDA		
Inicial	50	+	100	+	100	=	100	+	150		
Pago	-20					=				-	20
Actual	30	+	100	+	100	=	100	+	150	-	20

B. Presentación vertical

ACTIVO			=	PASIVO		
Dinero Créditos	Mercaderías	$ 30 $ 100 $ 100	+	Acreedores PATRIMONIO NETO • Capital • Pérdidas	$ 150 $ 20	$ 100 $ 130
		$ 230				**$ 230**

Modificaciones mixtas

Las modificaciones patrimoniales mixtas resultan de operaciones en las cuales se producen cambios en el valor del activo y del pasivo no compensables entre sí, modificándose en consecuencia el valor del capital mediante aumentos o disminuciones de éste.

En las modificaciones que hemos visto (positivas y negativas) solamente hemos registrado el carácter del gasto o del ingreso a título meramente informativo y para mantener el equilibrio en la IGUALDAD patrimonial.

Esta denominación de mixtas es la que surge en aquellas operaciones más complejas que modifican valores activos y pasivos en forma simultánea y que estas modificaciones se realizan a valores distintos (no compensables) lo cual producen en definitiva cambios en el valor del capital o del patrimonio neto.

El caso más común es el de la venta de mercaderías, sea a mayor o menor precio que el de su compra, la cual produce un ingreso por una suma mayor que el valor de la mercadería que sale o una disminución de la existencia de mercaderías, representados respectivamente por un aumento o disminución de su patrimonio neto o capital.

En los casos señalados designaremos a estas modificaciones positivas o negativas según corresponda, planteando a tal fin dos ejemplos demostrativos.

Venta de mercaderías con ganancia

Veamos a continuación y en forma comparativa los esquemas representativos partiendo del patrimonio inicial de la empresa y el que resulta de la venta de mercaderías existentes a un precio superior al valor de las mismas.

A tal efecto supondremos una venta de mercaderías en dinero efectivo por $ 80 cuyo costo es de $50:

A. Presentación horizontal

ACTIVO						=	PASIVO + PATRIMONIO NETO				
Op.	CAJA	+	MERCAD.	+	DEUDORES	=	ACREED.	+	CAPITAL+GANANCIA		
Inicial	50	+	100	+	100	=	100	+	150		
Venta	80		50			=				+	30
Actual	130	+	50	+	100	=	100	+	150	+	30

B. Presentación vertical

ACTIVO		=	PASIVO		
Caja Mercaderías Créditos	$ 130 $ 50 $ 100	+	Acreedores PATRIMONIO NETO • Capital • Ganancias	$ 150 $ 30	$ 100 $ 180
	$ 280				**$ 280**

Venta de mercaderías con pérdida

Las modificaciones mixtas también pueden producir disminuciones en el patrimonio como si la venta se hubiese realizado a un precio inferior al valor de las mercaderías existentes.

Supongamos al efecto que la venta de mercaderías en existencia se hubiera producido en la suma de $ 40 siendo de igual costo ($ 50), en cuyo caso los esquemas correspondientes demostrativos de los respectivos patrimonios inicial y final serían los siguientes:

A. Presentación horizontal

ACTIVO						=	PASIVO + PATRIMONIO NETO				
Op.	CAJA	+	MERCAD.	+	DEUDORES	=	ACREED.	+	CAPITAL+GANANCIA		
1	50	+	100	+	100	=	100	+	150		
Venta	40	–	50			=				+	10

B. Presentación vertical

ACTIVO		=	PASIVO		
Caja Mercaderías	$ 90	+	Acreedores	$ 150	$ 100
Créditos	$ 50		PATRIMONIO NETO	$ 10	$ 140
	$ 100		• Capital		
			• Pérdidas		
	$ 240				**$ 240**

Al exponer las modificaciones patrimoniales (neutras, positivas, negativas y mixtas) hemos tratado de brindar ejemplos de fácil interpretación, teniendo en cuenta el aspecto preliminar de nuestro desarrollo; sin embargo, pueden presentarse casos más variados que no incluimos pues se refieren a operaciones en las cuales el lector no se encuentra familiarizado todavía.

EJERCICIOS DE AUTOEVALUACIÓN

En los siguientes esquemas de igualdad patrimonial se ha asentado el patrimonio inicial de una empresa; asiente a continuación los datos de las operaciones; en cada caso formule la respuesta correcta a la pregunta formulada y verifique si al sumar la modificación de las mismas se mantiene la igualdad patrimonial,

Movilidad patrimonial

OPERACIÓN 1 - VENTA en dinero en efectivo por $ 80.000 de MERCADERÍAS adquiridas a $ 50.000.

Op.	Caja	Mercaderías	Deudores	Acreedores	Capital	Ganancias	Pérdidas
1	100.000	200.000		50.000	250.000		

OPERACIÓN 2 - VENTA de MERCADERÍAS a crédito de $ 60.000 adquiridas a $ 50.000

Op.	Caja	Mercaderías	Deudores	Acreedores	Capital	Ganancias	Pérdidas
1	100.000	200.000		50.000	250.000		

OPERACIÓN 3 - Compra de MERCADERÍAS por $ 30.000 a plazo

Op.	Caja	Mercaderías	Deudores	Acreedores	Capital	Ganancias	Pérdidas
1	100.000	200.000		50.000	250.000		

Modificaciones neutras

Teniendo en cuenta que las modificaciones neutras pueden presentarse en alguna de las siguientes formas:

A. Cambio de un valor activo por otro equivalente

B. Cambio de un valor pasivo por otro equivalente

C. Aumento simultáneo de activo y pasivo por igual valor

D. Disminución simultánea de activo y pasivo por igual valor

Indique a continuación, marcando con una X. en el cuadro que corresponda, en qué tipo de modificación se encuentra comprendida la operación que corresponda en cada caso.:

	A	B	C	D
1. Compra de mercaderías a plazo en cuenta corriente				
2. Depósito bancario en dinero en efectivo				
3. Documentación de una deuda en cuenta corriente (entrega de un pagaré)				
4. Pago de un pagaré a su vencimiento con dinero en efectivo				
5. Compra de mercaderías al contado en dinero en efectivo				
6. Compra de mercaderías mediante la entrega de pagarés de nuestra firma				
7. Pago de una deuda en cuenta corriente con un cheque de nuestra firma				
8. Cobranza de un crédito en cuenta corriente mediante la recepción de dinero en efectivo				
9. Pago de un pagaré con un cheque de nuestra firma				
10. Recepción de un pagaré que cancela un crédito en cuenta corriente				

Otras modificaciones patrimoniales

Con arreglo a la siguiente clasificación marque con una X en cada una de las casillas de la derecha el tipo de variación patrimonial que produce cada una de las operaciones indicadas a la izquierda, teniendo en cuenta los siguientes códigos.

A- Modificaciones positivas

B- Modificaciones negativas

C- Modificaciones mixtas (positivas)

D- Modificaciones mixtas (negativas)

	A	B	C	D
1. Pago de intereses en dinero en efectivo				
2. Ventas de mercaderías con ganancia al contado en dinero en efectivo				
3. Cobranza de alquileres en dinero en efectivo				
4. Descuentos obtenidos por pago de deudas en cuenta corriente abonadas en dinero en efectivo				
5. Venta de mercaderías con pérdida a plazo (en cuenta corriente)				
6. Pago de alquileres en dinero en efectivo				
7. Entrega de pagarés en cancelación de deudas en cta. cte., incluyendo los intereses a nuestro cargo				
8. Cobranza de intereses en cuenta corriente				
9. Descuentos otorgados por cobranza de créditos en cuenta corriente efectuada en dinero en efectivo				
10. Venta de mercaderías con ganancia a plazo (en cuenta corriente)				

	A	B	C	D
1. Compra de mercaderías a plazo en cuenta corriente				
2. Depósito bancario en dinero en efectivo				
3. Documentación de una deuda en cuenta corriente (entrega de un pagaré)				
4. Pago de un pagaré a su vencimiento con dinero en efectivo				
5. Compra de mercaderías al contado en dinero en efectivo				
6. Compra de mercaderías mediante la entrega de pagarés de nuestra firma				
7. Pago de una deuda en cuenta corriente con un cheque de nuestra firma				
8. Cobranza de un crédito en cuenta corriente mediante la recepción de dinero en efectivo				
9. Pago de un pagaré con un cheque de nuestra firma				
10. Recepción de un pagaré que cancela un crédito en cuenta corriente				

CAPÍTULO 7

El procesamiento de la información

INTRODUCCIÓN

La actividad del hombre se encuentra destinada a coordinar los distintos elementos que se encuentran vinculados a la producción de bienes o servicios y los diversos factores (trabajo, capital) que dispone, con el fin de obtener de la misma un beneficio o utilidad, lo cual constituye una empresa (de cualquiera de las características existentes) que desarrolla un proceso activo, dinámico, continuo y representativo de esa actividad.

Pero dicho proceso debe ser observado estudiando sus causas y efectos con el fin de cumplir con el cometido propuesto.

Se genera, entonces, en forma paralela al proceso anterior, también dinámico y continuo que se desarrolla en forma dependiente de aquél, que permite observarlo paso a paso, registrarlo mediante anotaciones, clasificando los actos realizados en base a su naturaleza económica, etc., con el fin de conocer los resultados finales que permitan demostrar si el objetivo inicial ha sido o no cumplido y en qué grado.

Este segundo proceso es el llamado contable y constituye una tarea administrativa que asegura que toda la gestión de una empresa se desarrolle en forma consciente, llevando a cabo su acción con un conocimiento real de su actividad, al igual que la de otros hechos o circunstancias ajenas a ella, pero que inciden o pueden incidir en los resultados de dicha gestión.

Sin embargo, no por dependiente de dicha gestión puede decirse que el proceso contable sea secundario, ya que éste último es el que sirve de guía a aquélla, complementándose e integrándose entre sí y asegurando de esta manera el cumplimiento de los objetivos perseguidos.

ETAPAS DEL PROCESO CONTABLE

El proceso contable se inicia desde el momento mismo de la presentación de los hechos motivados por la acción o gestión de la empresa mediante la observación de los mismos.

Dicha observación produce una información que debe ser instrumentada en forma documental con el fin de servir a una utilización posterior con elementos que sirvan a tal propósito, conforme a un método eficaz que sea utilizado para clasificarlos, de manera tal que produzcan estados numéricos que permitan, a través de su análisis, guiar las futuras decisiones a adoptar en los próximos actos de gestión.

De los resultados obtenidos en base a ese proceso, las diversas informaciones que resulten ofrecerán la demostración evidente del éxito o fracaso alcanzado por la actividad desarrollada, es decir que:

- Si los resultados alcanzados son negativos, la información resultante permitirá indagar acerca de las causas que han incidido desfavorablemente en la actividad desarrollada, en base a la cual deberán adoptarse decisiones que permitan modificar su situación para el futuro.
- Si los resultados se consideran positivos, la información obtenida permitirá conocer las distintas fuentes productoras de esos resultados, a efectos que puedan mantenerse o mejorarse.

Podemos decir, entonces, que existen dos tipos de informaciones:

- Informaciones recibidas, las cuales son objeto de registración y clasificación por medio de la contabilidad y que denominaremos datos (input) o información de base.
- Informaciones producidas por el procesamiento contable, tendiente a orientar las decisiones futuras (output) que también suelen ser llamadas informaciones resultantes.

Como puede observarse estas últimas informaciones son la consecuencia del resultado de las diversas operaciones de registro, clasificación, selección y presentación de los datos recibidos.

Ahora veremos algunas características que debe presentar dicho proceso.

Revelación y clasificación

Son dos aspectos que deben ser tenidos en cuenta a los fines del procesa- miento contable; se refieren a los hechos económicos que han de ser procesados y que una vez producidos suponen la existencia de dos tareas perfectamente definidas:

DE REVELACIÓN	Llamadas también originarias o preparatorias, que registran el hecho en sí mismo y todos los aspectos que lo caracterizan o distinguen en cuanto al tiempo, lugar, personas que intervienen y valor que representan expresado en dinero. El concepto de revelación va unido al de fijar la imagen de todos los elementos que comportan el hecho motivo de la registración; ello obliga a su anotación en documentos utiliza- dos a tal fin que constituyen el instrumento necesario para su posterior utilización en el proceso contable.
DE CLASIFICACIÓN O SISTEMÁTICAS	Se realizan con el fin de ordenar todos aquellos conceptos que pertenecen a una misma naturaleza económica. La utilización de las llamadas cuentas tiene por objeto resumir bajo una denominación común, distintos hechos que responden a esa característica.

Oportunidad

Con arreglo a tales conceptos surge que el proceso de revelación contable es anterior al de clasificación; por lo tanto, la oportunidad en que aquél se lleva a cabo, es aquella en la cual presenta el hecho que motiva la registración y se hace visible a nuestros ojos una vez descubierto (se nos revela).

Sin embargo, no siempre el momento y la oportunidad en que el hecho se produce y el que se revela ante nosotros son simultáneos, es decir operan al mismo tiempo.

Tal el caso del consumo habitual de corriente eléctrica para leer u observar un programa de televisión; en ese momento se está produciendo el hecho económico (gasto de luz) cuyo valor se revelará ante nuestros ojos cuanto tengamos en nuestro poder la factura de la empresa proveedora.

En cambio, en muchos otros casos la producción del hecho y la revelación del mismo es simultánea, como cuando realizamos una compra al contado en un negocio.

Ello nos permite distinguir entonces a tales hechos como de:

I. Revelación inmediata, como el último caso.

II. Revelación diferida, en el caso anterior.

Ordenamiento

Una vez revelado el hecho que deberá ser registrado, es necesario compararlo con otros que pueden ser semejantes o no, y, de acuerdo con la clasificación que hayamos adoptado para los mismos, serán registrados en una u otra de las formas que adoptaremos para su identificación.

Esa operación de clasificar los hechos separando aquellos que son similares entre sí de los restantes, se conoce con el nombre de ordenamiento.

El ordenamiento de hechos registrables es una de las operaciones previas a su registración pues evitan realizar anotaciones similares en forma repetitiva.

Lógicamente que ese ordenamiento debe realizarse también en función del tiempo en que deben efectuarse los registros; dado que éstos deben ser periódicos, muchas veces de corto lapso (diariamente) y ese ordenamiento debe ser efectuado para cada uno de esos períodos.

Procesamiento de datos

Cuando se pretende definir un concepto es necesario poner en claro el significado de los términos a utilizar.

Ese aspecto es importante para comprender a qué nos referimos, cuando mencionamos el procesamiento de datos y, lo mejor para ello, comenzar por uno de sus elementos fundamentales, del cual nos hemos referido en nuestro primer capítulo al tratar los sistemas de información contable: el dato.

También nos hemos referido a que los datos deben convertirse en una información útil a nosotros a través de una previa clasificación, o sea un ordenamiento y cómputo de los mismos (cálculo), para obtener la información exacta que buscamos en el momento oportuno.

Por ello, el procesamiento de datos es una expresión usada, precisamente, para significar la actividad que realizamos para que de todas las operaciones que se efectúan en una empresa produzcan informaciones útiles en base a los datos que nos son suministrados.

El procesamiento de datos comprende, entonces, desde la simple operación de un registro de datos, con el fin de almacenarlo para su futura utilización, hasta la obtención de resultados finales en base a la clasificación, cómputo y recopilación de aquellos.

Las etapas principales del procesamiento de datos pueden definirse en las siguientes:

REGISTRO	O sea, la expresión de los datos en un vehículo (comprobante) con el fin de efectuar un procesamiento posterior.
CLASIFICACIÓN	Con el fin de ordenar los datos por grupos individuales de acuerdo con las características similares de cada grupo.
CÓMPUTO	O sea, el acto de realizar una operación matemática con los datos originando a su vez nuevos datos.
INFORMACIÓN RESULTANTE	De la clasificación y cómputo anterior destinada a aportar un conocimiento tanto general como detallado de los datos ingre- sados para posibilitar su análisis e interpretación.

Los datos han sido procesados siempre, sean en forma manual, semimecánica, mecánica, electrónica, etc.); pero, sin duda alguna, ha sido la incorporación de los modernos equipos electrónicos de procesamiento lo que ha popularizado el uso de esos términos (datos, informaciones, procesamiento) que nos llegan cual si se tratara de vocablos representativos de actividades nuevas hasta hoy desconocidas.

En realidad, el nuevo concepto que se incorpora por medio de los equipos electrónicos es el de la posibilidad de mantener información almacenada (archivo) que se surte tanto de la información de base (datos) como de la información resultante que sirve también como nueva información a almacenar.

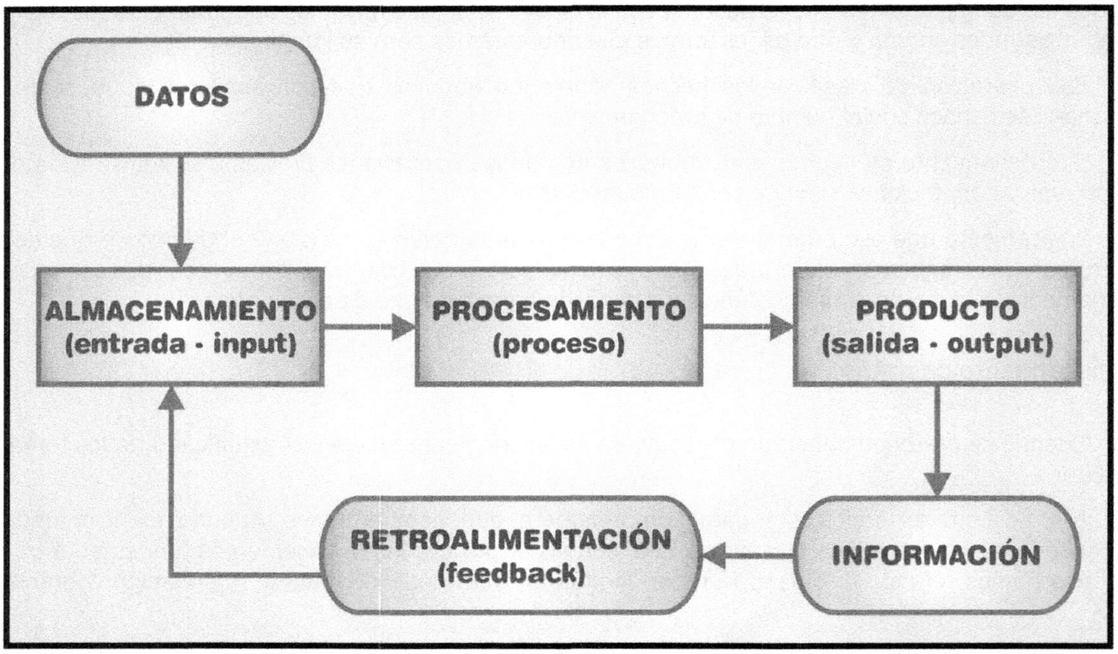

El procesamiento de datos también se manifiesta cada vez que, partiendo de una información. se desarrollan procedimientos sobre la misma, vinculándola o no con otras informaciones, para obtener una nueva información.

En efecto, cuando el importe de una factura (información de base) se contabiliza en la cuenta del cliente (información almacenada se obtienen nuevas informaciones (información resultante) y el nuevo saldo deudor en la cuenta del cliente (información a almacenar) que podemos utilizar posteriormente para otra factura del mismo cliente (retroalimentación).

IMPORTANCIA DE LA INFORMACIÓN

Si bien la estructura y organización de una empresa constituyen aspectos fundamentales de la misma, no puede negarse la importancia que hoy posee el contar con una información adecuada acerca de todo aquello que se manifiesta interna o externamente con ella que permite conocer el resultado de las decisiones adoptadas y estar en condiciones de corregir éstas en el futuro a efectos de alcanzar los fines previstos.

En las empresas públicas y privadas la información que llega a los distintos sectores de las mismas a través de un sistema de comunicación, es esencial al punto tal que aquellas no podrían sobrevivir si éste les faltara.

Hoy día el hombre sólo puede dominar todo lo que lo rodea mediante la información que posee y que es trasmitida desde el medio ambiente que habita; por lo tanto, cuando éste tiene la responsabilidad de las actividades de una empresa (que es una organización mucho más compleja que la conducta individual del hombre), la información se convierte en su componente esencial.

La ciencia de información constituye hoy la base para todas las ciencias que utilizan los seres humanos, ya que sin información nada puede hacerse adecuadamente.

Por ello, no sólo las disciplinas técnicas sino también las sociales, por su naturaleza más incierta, como las ciencias de las relaciones públicas, las de las comunicaciones, la de la opinión pública, la psicología, la sociología, el periodismo, y muchas otras más sólo encuentran su cimiento indispensable en la información.

LA CONTABILIDAD COMO INSTRUMENTO DE INFORMACIÓN Y CONTROL

En su origen, la llamada Contabilidad sólo tenía por objeto registrar los movimientos de dinero y otros valores, en el orden en que dichos movimientos se producían; su objetivo estaba limitado a un simple registro histórico de hechos o actos económicos,

Es lo que se conocía con el nombre de Teneduría de Libros, designándose así a la técnica de anotar en forma ordenada las distintas operaciones de carácter económico.

Dicha forma de registro se desarrolló durante la proliferación de pequeños comerciantes o simples artesanos que caracterizaron la época previa a la primera guerra mundial.

Fue este un período en que el negocio individualista se desarrolló al máximo y la Empresa se encontraba en un incipiente comienzo.

Pero el surgimiento de la empresa moderna, concomitante con el desarrollo de los Estados que participan cada vez más activamente en su control, obligó la adopción de conceptos de registración compatibles con dicha evolución.

Deja de convertirse entonces, la Contabilidad, en una mera Teneduría de Libros para asumir un rol de primerísima importancia como fuente productora de informaciones de todos los movimientos económicos de un Empresa.

Y, con ello, ha tratado no solo de responder a exigencias del Estado respecto del control que éste debe ejercer sobre determinadas actividades o de su participación fiscal, sino también de servir de auxiliar obligado y asesor permanente a quienes tienen la responsabilidad de la conducción de la empresa.

Es importante destacar que, en la empresa moderna, por ejemplo, juego un rol de envergadura el crédito que terceros le confían para el mejor desarrollo de sus actividades; de allí que la contabilidad tienda a demostrar también a ellos la verdadera situación económica y patrimonial de la empresa con la cual contratan.

Al mismo tiempo, deben prevenirse situaciones futuras que puedan poner en riesgo la estabilidad de la empresa, sea por la falta de recursos provenientes de la cobranza de sus créditos, el control de los rendimientos de su actividad específica u otras causas, arbitrando las decisiones conducentes a corregir cualquier anomalía presente o futura.

Es decir que la función fundamental de la antes llamada Contabilidad se ha transformado hoy en un verdadero Sistema de Información Contable, cuya función reside en la producción de informaciones destinadas no solo a controlar todas las actividades de la empresa, sino también a procurar aquellas que permitan tomar las decisiones que correspondan a efectos de orientar su futuro.

De allí que el procesamiento contable se encuentre íntimamente ligado a la vida de la empresa, teniendo por objeto brindar una completa información patrimonial, económica y financiera de ésta en cualquier momento y también acerca de las distintas actividades por ella desarrollada.

Es decir que cumple la doble tarea de informar acerca de:

- Su situación estática, pues la empresa se encuentra constituida, desde el punto de vista económico, por un conjunto de bienes y deudas que conforman su patrimonio que determinan el capital que dispone destinado a financiar su actividad.

Es decir que, por un lado, tenemos los bienes y derechos que son propiedad de la empresa representados a través de su ACTIVO, y, por el otro, la forma en que ellos han sido financiados o sea la fuente que ha servido para la adquisición de esos bienes o derechos, representados por su PASIVO, en el cual se distinguen las aportaciones de terceros (DEUDAS) y las de el o los propietarios de la empresa (CAPITAL).

Por ello si tomamos la empresa desde su iniciación en cualquier momento, veremos que se encuentra constituida por un ACTIVO y por un PASIVO; dentro de este último existe un elemento balanceante o diferencial que constituye el PATRIMONIO NETO o CAPITAL.

El registro de tales situaciones en el momento inicial de una empresa tiende a dejar reflejado contablemente cada uno de los valores que comprenden los mismos el cual se irá modificando como consecuencia del resultado de su actividad específica.

- Su situación dinámica, pues la empresa va unida a una permanente actividad que modifica de continuo los valores de esa situación inicial.

Es decir que su mundo interior si bien está formado por bienes y derechos de su propiedad, se modifican o transforman como consecuencia de su trato con el mundo exterior (ventas a clientes, compras a proveedores, obtención de créditos de instituciones financieras, etc.).

EJERCICIOS DE AUTOEVALUACIÓN

El procesamiento de la información

Cuestionario

1) ¿A qué tipo de informaciones llamamos input?
2) ¿A qué tipo de informaciones llamamos output?
3) ¿Cómo llamaría a las informaciones de revelación, originarias o preparatorias?
4) ¿Con qué fin se realizan las informaciones de clasificación o sistemáticas?
5) En el procesamiento de datos
   I. ¿que considera la información resultante?
   II. ¿En qué consiste el acto de cómputo y como se realiza?
   III. ¿Cuál es la importancia de la información?
   IV. ¿Qué informa todo procesamiento contable?
   V. ¿Cómo diferencia la situación estática y la situación dinámica que produce el informe producido por un procesamiento contable?

CAPÍTULO 8

Las Cuentas

INTRODUCCIÓN

Hemos visto que en toda empresa se observa la existencia de dos procesos:

ECONÓMICO	O sea, la actividad económica propiamente dicha, tendiente a la obtención, transformación y circulación de bienes con un fin lucrativo.
CONTABLE	Destinado a observar, registrar y estudiar todas las operaciones de dicha actividad económica para determinar sus causas y efectos, y extraer las informaciones necesarias para adoptar las decisiones más convenientes.

Incursionaremos ahora en todos los aspectos de este último proceso (contable) que comprende las distintas etapas que van desde la registración de operaciones de una empresa hasta la demostración de la situación patrimonial y de resultados de la misma.

Dichas tareas son posibles de realizar en razón de la existencia de los siguientes elementos indispensables para tal propósito; son ellos:

- Instrumentación documental de las operaciones que se realizan, sobre la cual nos hemos referido en nuestro Capítulo 3.
- Cuentas consistentes en la unidad de medida de información utilizable en todo el proceso contable, sobre las cuales dedicaremos el presente capítulo.
- Método seguido para la registración de las operaciones realizadas en los libros o registros de contabilidad basado en el uso de cuentas (Capítulo 9).
- Medios que contaremos para registrar las operaciones utilizando las cuentas creadas (Capítulo 11).

CONCEPTO

Al referirnos al patrimonio y sus variaciones hemos visto que sus componentes o elementos constitutivos pueden ser de distintas características.

- Activos o sea todos aquellos bienes de propiedad del titular de un patrimonio en el cual hemos incluido tanto cosas (mercadería, dinero, etc.) como bienes inmateriales (créditos a cobrar).

- Pasivos que se encuentran constituidos generalmente por deudas que pueden originarse en operaciones comerciales (acreedores comunes) como en préstamos (acreedores financieros).
- Patrimonio neto, cuya representación más genuina está a cargo del capital aportado al negocio, el cual se incrementará por las ganancias obtenidas en las operaciones realizadas o disminuirá en caso de pérdidas.

Al referirnos a la igualdad patrimonial en nuestro Capítulo 3, elaboramos una fórmula que se representa así:

ACTIVO - PASIVO = PATRIMONIO NETO

En la cual el Patrimonio Neto se encontraba formado por la suma del Capital aportado más las Ganancias obtenidas menos las Pérdidas ocasionadas; sin embargo, esa representación del patrimonio de una empresa, nos ha permitido informarnos acerca de los diversos componentes que conforman cada uno de los términos de dicha igualdad, que agrupa distintos conceptos que responden a una similar característica y que hemos identificado con determinados términos.

Las denominaciones que hemos adoptado en alguna de las partes principales de la igualdad patrimonial (en el Activo: Caja, Mercaderías, Muebles y en el Patrimonio Neto: Capital, Ganancias y Pérdidas, se conocen con el nombre de Cuentas y constituyen una verdadera fuente de información a través de lo que ellas representan. De allí, entonces, la importancia que reviste la acertada elección de las mismas para designar los elementos o partes del patrimonio que respondan a características o finalidades similares.

En efecto, cuando adoptamos la denominación de Mercaderías como una cuenta representativa del patrimonio (componente del Activo) queremos con ello agrupar todos aquellos artículos o productos de un negocio o empresa que esta dispone para ser vendidos y obtener con dicha venta una ganancia; es decir, que constituyen la base de la actividad propia de la Empresa.

Por su parte, cuando utilizamos la cuenta Deudas pretendemos incluir bajo dicha denominación todas aquellas obligaciones que hemos contraído con terceros, etc.

Resumiendo, entonces, podemos decir que:

CUENTA es la denominación que permite agrupar bajo un mismo nombre, conceptos que responden a características o finalidades similares a efectos de facilitar la información acerca del patrimonio y sus variaciones.

Para una mejor ilustración se transcriben en la siguiente página algunas de las cuentas que usaremos en esta obra para representar distintos componentes del patrimonio de una empresa y conceptos de resultados positivos y negativos que ellas abarcan.

Como podrán observarse los distintos elementos o componentes que constituyen el patrimonio pueden ser representados a través de esas cuentas que registrarán, a su vez, los aumentos y disminuciones que se produzcan en aquél como consecuencia de las operaciones realizadas.

Pero, también debemos significar aquellos conceptos que, como consecuencia de operaciones realizadas por la Empresa, representen para ésta pérdidas o gastos y ganancias o ingresos se expresan también por medio de cuentas que inciden en la determinación del resultado de sus operaciones.

Entre todas ellas, a título de ejemplo, mencionaremos las siguientes:

CUENTAS PATRIMONIALES	
Cuentas	Conceptos que agrupan o representan.
DEUDORAS	Personas que tienen alguna obligación con la empresa, comúnmente generada por haberles vendido mercaderías a plazo.
ACREEDORAS	Personas a quienes les debemos algo; obligación generada casi comúnmente por haberles adquirido mercaderías a plazo.
MERCADERÍAS	Es la cuenta fundamental de toda contabilidad, pues registra el objeto de las transacciones comerciales, cualquiera sea su ramo.
CAJA	Se utiliza para agrupar todo valor que represente dinero; monedas, billetes, cheques recibidos, etc. La denominación de esta cuenta obedece, por analogía, al lugar en que se guarda el dinero y otros valores (caja registradora, de seguridad, caja de metal, etc.
BANCO	Bajo esta cuenta se designan todos los movimientos que efectuamos en nuestra cuenta bancaria (depósitos, cheques, etc.).
OBLIGACIONES A PAGAR	Esta cuenta tiene por objeto representar los pagarés que suscribimos a favor de terceros y cuyo vencimiento no se ha operado.
DOCUMENTOS A COBRAR	Representa los pagarés que recibimos de terceros y cuyo vencimiento no se ha operado, sean de su firma o endosados por los mismos.
MUEBLES Y ÚTILES	Cuenta que agrupa todos aquellos elementos o cosas que adquirimos para ser usados en las funciones administrativas del comercio, como ser: escritorios, archivos, computadoras, calculadoras, sillas, etc.
RODADOS	Utilizamos esta cuenta para representar los automotores que la empresa adquiere con cualquier destino: camiones, pick-ups, automóviles, etc.
CAPITAL	Representa los aportes efectuados al negocio por el dueño y que son invertidos para llevar a cabo la actividad.

CUENTAS DE RESULTADO POSITIVO	
Cuentas	Conceptos que representa.
VENTAS	Esta cuenta se emplea para contabilizar las ventas que se efectúan; se acostumbra debitarle las devoluciones o bonificaciones que se realicen sobre aquellas.
INTERESES GANADOS	Se utiliza para registrar los valores que se perciben por estos conceptos.
DESCUENTOS OBTENIDOS	Se acreditan a esta cuenta los descuentos que se logran por pagos realizados a corto plazo a los acreedores.

CUENTAS DE RESULTADO NEGATIVO	
Cuentas	Conceptos que representa.
GASTOS GENERALES	Gastos que por su escaso monto e importancia no se asignan a una cuenta especial.
GASTOS PARTICULARES	Se emplea para debitar las extracciones que efectúa el comerciante para atender sus gastos personales y subvenir en esa forma a las necesidades de su vida privada o de su familia.
SUELDOS	Se carga a esta cuenta el monto de los sueldos que se abonan mensualmente a los empleados del negocio.
IMPUESTOS	En esa cuenta se registran todos los importes que se abonan en concepto de impuestos.
ALQUILERES	Representa los pagos que se efectúan por este concepto.
ACARREOS	El pago de fletes para transportar mercaderías por camión se registra en esta cuenta.
LUZ Y TELÉFONO	El pago de estos servicios es cargado a esta cuenta.
IMPRESOS Y ÚTILES	Cuenta que se utiliza para representar gastos menores de oficina y administración como compra de lápices, tinta, carpetas, papel, etc.
INTERESES PERDIDOS	Se debita a esta cuenta los intereses que se abonan o reconocen a favor de terceros por diferir deudas contraídas.
DESCUENTOS OTORGADOS	Registra los descuentos que se efectúan a los clientes o deudores cuando realizan pagos a corto plazo.
COSTO DE MERCADERÍAS VENDIDAS	Su objeto consiste en registrar el costo de las mercaderías que se venden.

AGRUPAMIENTO DE CUENTAS

Así como las cuentas representan diversos aspectos del patrimonio que responden a idénticas finalidades económicas o conceptos de pérdidas y ganancias, la cantidad de ellas que pueden ser utilizadas (por los numerosos conceptos existentes) para el registro de las operaciones, impiden, muchas veces, el logro de una información de carácter general acerca de la empresa a la cual corresponden.

De allí que suelan, a su vez, agruparse en otros conceptos de mayor generalización que reciben el nombre de RUBROS y que son los que suelen utilizarse para la presentación de los estados contables.

Así, por ejemplo, si utilizamos la cuenta CAJA para representar los valores expresados en dinero, como el efectivo o cheques de terceros, también podemos utilizar un rubro como DISPONIBILIDADES para incluir en él no solamente los conceptos que son representados a través de la cuenta CAJA sino también los fon- dos depositados en las instituciones bancarias que se encuentran identificados a través de otra cuenta que podemos llamar BANCO. En tal sentido, los rubros de mayor utilización son:

DISPONIBILIDADES	Conceptos representados a través de la cuenta CAJA y fondos depositados en las instituciones bancarias que se encuentran identificados a través de la cuenta BANCO.
CRÉDITOS	Que incluyen las cuentas a cobrar, sea en cuenta corriente (Deudores) o en pagarés de terceros (Documentos a Cobrar) etc.
BIENES DE CAMBIO	Utilizado para los productos que hacen a la actividad de la empresa (Mercaderías), que, en las empresas industriales suelen denominarse Productos Elaborados.
BIENES DE USO	O sea, aquellos que se sirve la empresa para llevar a cabo sus actividades representados por varias cuentas (Inmuebles, Muebles y Útiles, Instalaciones, etc.).
DEUDAS	Las que existen a pagar en cuenta corriente (Acreedores) o en pagarés emitidos (Obligaciones a Pagar).
PATRIMONIO NETO	El capital aportado y los resultados que se hayan obtenido (Capital, Pérdidas y Ganancias).

PARTES DE LA CUENTA

Definido el concepto de cuenta como denominación de cada uno de los elementos constitutivos del patrimonio o del concepto de gasto o ingreso que se produzca y del valor que éstas representan, resulta necesario destacar que, tratándose la Empresa de una actividad en permanente movimiento cada operación que realiza produce cambios tanto en la estructura del patrimonio como en cada uno de los elementos que lo forman.

De allí que cada cuenta constituye un registro individual de variaciones que se producen en el concepto que ella representa con motivo de las operaciones realizadas: por lo tanto, cada cuenta debe registrar también:

- La fecha en que se producen las distintas variaciones que la afectan.
- El importe de cada variación.
- El motivo del cambio.
- La operación que ha originado el cambio.

Sobre esta base, todas las operaciones que produzcan incrementos en una cuenta se irán agregando a renglón seguido y podremos obtener, en forma permanente, una información acerca de cada componente del patrimonio.

Pero, los negocios suponen actividades diversas en la cuales se alternan compras con ventas, pagos con cobros, etc. provocando tales alteraciones tanto incrementos como disminuciones de valor en las cuentas.

Ello obliga, entonces a realizar operaciones de sumas y restas en una misma columna, lo cual complica los cálculos, sobre todo si se trata de un gran número de variaciones, como puede verse en el ejemplo siguiente:

FECHA	MOTIVO	REFERENCIA	IMPORTE
Enero 15	Compra	Factura 35	2.000
Enero 20	Compra	Factura 35	500
	Sub-total		2.500
Enero 25	Venta	Factura 01	1.200
	Sub-total		1.300
Enero 31	Compra	Factura 35	600
	Sub-total		1.900
Febrero 2	Venta	Factura 02	300
	Sub-total		1.600
Febrero 5	Compra	Factura 37	800
	Sub-total		2.400
Febrero 10	Venta	Factura	500
	Total		1.900

Registro por partida doble

De allí que se haya optado por realizar un registro de las variaciones en forma tal que, por una parte, se anoten aquellas que producen aumentos en su valor y por otra parte, aquellas que produzcan disminuciones; o sea de un registro simple se ha optado por un registro doble, de ambos tipos de valores por separado.

Dividida así una cuenta destinaremos el lado izquierdo para registrar sus aumentos o débitos y la llamaremos DEBE y el lado derecho para registrar sus disminuciones o créditos y la llamaremos HABER; la diferencia entre los importes registrados en el Debe y el Haber es lo que conocemos como Saldo.

El esquema siguiente permite representar tales conceptos:

DEBE Aumentos — **CUENTA** MERCADERÍAS — **HABER** Disminuciones

Fecha	Motivo	Ref.	Importe	Fecha	Motivo	Ref.	Importe
Enero 15	Compra	F.34	2.000	Enero 25	Venta	F.01	1.200
Enero 20	Compra	F.35	500	Febrero 2	Venta	F.02	300
Enero 31	Compra	F.36	600	Febrero 10	Venta	F.03	500
Febrero 5	Compra	F.37	800				

Aumentos 3.900 — *Disminuciones* 2.000

Débitos — **Créditos**

En el ejemplo anterior hemos confeccionado el esquema de la cuenta Mercaderías, considerada representativa de un componente activo del patrimonio, por lo tanto, en el Debe de la misma anotamos los débitos que constituyen aumentos de su valor y en su Haber anotamos los créditos que representan disminuciones.

Debemos dejar constancia que no sucede así cuando nos referimos a cuentas representativas de componentes pasivos del patrimonio, como podrían ser las Deudas, pues éstos, por su naturaleza, ya significan de por sí disminuciones de valor del Patrimonio Neto.

En tal caso, en el Debe de dicha cuenta anotamos lo también sus débitos que constituirán disminuciones del valor de este Pasivo y en el HABER anotamos sus créditos que constituyen aumentos en su valor.

Veamos, cómo funcionan esos conceptos en la propia cuenta Deudas.

DEBE Disminuciones — **CUENTA** ACREEDORES — **HABER** Aumentos

Fecha	Motivo	Ref.	Importe	Fecha	Motivo	Ref.	Importe
Enero 8	Pago	R.01	200	Enero 2	Compra	F.01	1.200
Enero 15	Pago	R.02	300	Enero 10	Compra	F.02	300
Enero 25	Pago	R.03	400	Enero 20	Compra	F.03	500
	Disminuciones		900		*Aumentos*		2.000

Débitos — **Créditos**

La diferencia entre la suma de los débitos y créditos de una cuenta es lo que llamamos SALDO, el cual podrá ser:

- DEUDOR, si la suma de los importes registrados en el Debe es SUPERIOR a los registrados en el Haber.
- ACREEDOR, si la suma de los importes registrados en el Debe es INFERIOR a los en el Haber.
- SIN SALDO O SALDADA., si las sumas de los importes registrados en el Debe y en el Haber son IGUALES.

Registros en el Debe	Registros en el Haber	Arroja un saldo
• INFERIORES	• SUPERIORES	• ACREEDOR
• SUPERIORES	• INFERIORES	• DEUDOR
• IGUALES	• IGUALES	• SALDADA O SIN SALDO

PLAN DE CUENTAS

Como hemos dicho, el agrupamiento de cuentas en clases o grupos de aquellas que tengan características análogas, sirve para representar determinadas cualidades generales que son las que motivan su clasificación.

Por ello, tratándose las cuentas de una fuente de información, su disposición ordenada y organizada constituirá el elemento esencial de un buen sistema contable y, por lo tanto, ese agrupamiento o clasificación desempeñará un papel preponderante en el logro de tales propósitos.

De allí que la unidad que representa todas las cuentas de Contabilidad, clasificadas de acuerdo con tales principios, constituye el llamado índice, nómina o plan de cuentas, el cual responde a un imperativo de ordenamiento de datos e informaciones de la empresa que debe contemplar dos aspectos importantes, como son:

- Cubrir las exigencias de información interna de la Empresa

O sea, la necesidad de contar con informaciones precisas (costos de los pro- ductos que se venden, sean de producción propia o de reventa, los gastos seccionales, financieros, etc.), que permiten evaluar las distintas responsabilidades de las personas a cargo de las diferentes funciones, medir el alcance de los distintos conceptos que inciden en los resultados, la fuente de éstos últimos, determinar las mejoras que pueden alcanzarse, etc.

- La influencia de factores externos a la empresa

Deber tenerse presente la influencia de factores externos de la empresa que gravitan en la planificación de las cuentas, o sea todo tipo de disposición legal, impositiva, previsional, etc., que afecte tanto a las actividades que aquella desarrolla, como a la estructura jurídica adoptada en su constitución; ellos son aspectos que deben ser previstos en la elaboración de un plan de cuentas, mediante la incorporación de cuentas representativas de tales factores afectan a su actividad.

En efecto, la intervención creciente del Estado en el control de la empresa privada ha impuesto la necesidad que el plan de cuentas prevea toda la información necesaria que permita el ejercicio de dicho control; es que el cumplimiento de las obligaciones impuestas por las leyes impositivas y previsionales impone a las empresas la necesidad de una información mucho más analítica, que debe ser contemplada en la clasificación de cuentas que se realice en oportunidad de la preparación del plan correspondiente.

Por otra parte, la forma jurídica adoptada impone a las empresas el cumplimiento de normas precisas acerca de su constitución, funcionamiento y liquidación, independientemente de las normas que se establezcan en forma particular en los contratos o estatutos que dan nacimiento a las mismas.

Resulta obvio señalar que también, en algunos tipos de empresas, en razón de su actividad, dichos factores externos juegan un papel preponderante en la redacción del Plan de Cuentas, al punto tal que, como en el caso de las compañías de seguros y las instituciones financieras, deben ajustarse fielmente a modelos preparados al efecto por las autoridades de control respectivo.

A continuación, podemos observar un Plan de Cuentas que contempla esas necesidades, sujeto a modificaciones de acuerdo con la actividad de la empresa y la mayor o menor información deseada de la misma.

PLAN DE CUENTAS		
Patrimoniales	1. ACTIVO	10. Caja
		11. Banco Nación
		12. Muebles y útiles
		13. Instalaciones
		14. Mercaderías
		15. Rodados
		16. Deudores
		17. Documentos a cobrar
	2. PASIVO	21. Acreedores
		22. Obligaciones apagar
	3. PATRIMONIO NETO	31. Capital
		40. Ganancias y Pérdidas
Resultado	5. NEGATIVAS	51. Gastos generales
		52. Alquileres pagados
		53. Impresos y útiles
		54. Costo de Ventas
		55. Impuestos
		56. Acarreos
		57. Sueldos
		58. Luz y teléfono
		59. Descuentos concedidos
	6. POSITIVOS	61. Ventas
		62. Alquileres cobrados
		63. Descuentos obtenidos

Principios a adoptar en la elaboración de un Plan de Cuentas

Si bien el cumplimiento de los fines que se persiguen al proyectar un Plan de Cuentas es el objetivo principal para su elaboración, se han sentado ciertos principios que pueden concretarse en los siguientes:

1. La clasificación fundamental ha de ser completa y bien determinada.
2. El proceso de clasificación ha de partir de lo general a lo particular o específico.
3. El orden o disposición de las cuentas deberá corresponder con el que éstas sigan en los estados financieros e informes de explotación.
4. Los títulos que se adopten para designar las cuentas deberán corresponder con el que éstas sigan en los estados financieros e informes de explotación.

5. No solamente han de adoptarse títulos de información básicos -lo que suele llamarse clasificación objetiva- sino que es también necesario que estos títulos se apliquen o subdividan por funciones o departamentos.
6. Deberá dejarse siempre un cierto margen de ampliación para posibles necesidades futuras.

Clasificación funcional y objetiva

También en la elaboración de un Plan de Cuentas deben preverse aquellos aspectos que responden a la necesidad de contar con informaciones precisas en lo referente a los costos de producción, los gastos seccionales, etc., han de permitir evaluar las distintas responsabilidades del personal y medir el alcance de los distintos gastos.

Por ello se suele recurrir a la clasificación funcional y objetiva de las cuentas, cuyos fines pueden ser resumidos así:

- La clasificación funcional tiende a localizar y medir las responsabilidades de las distintas personas intervinientes y los resultados que las mismas obtienen en sus diversas áreas de actuación. Esta clasificación tiende a convertir la Contabilidad en un instrumento de control y administración de las actividades de la empresa.

Ejemplo:

Un ejemplo de clasificación funcional estaría dado en el caso de una empresa cuyos gastos se encontrarán divididos por secciones o áreas de responsabilidad, como ser:

- Gastos del Departamento de Contabilidad
- Gastos del Departamento de Compras
- Gastos del Departamento de Personal
- Gastos del Departamento de Ventas
- etc.

- La clasificación objetiva tiene como fin obtener una subidivisión de cuentas que contemple la diversa naturaleza de las cosas y conceptos que ella represente; en fin, representa un análisis minucioso de los diversos conceptos.

Un ejemplo de clasificación objetiva se encuentra dado en la propia clasificación de gastos por concepto:

- Sueldos
- Cargas sociales
- Luz y teléfono
- Acarreos
- etc.

Sin perjuicio de dichas formas de clasificación, es necesario destacar que una clasificación objetiva puede también subdividirse funcionalmente y, viceversa, una clasificación funcional puede subdividirse en términos de división objetiva según se ilustra en el siguiente ejemplo:

Clasificación funcional	Clasificación objetiva
1. GASTOS DE VENTA	1. SUELDOS
a. Sueldos	a. Sueldos
b. Impuestos y útiles	b. Impuestos y útiles
1. GASTOS DE ADMINISTRACIÓN	1. IMPRESOS Y ÚTILES
a. Sueldos	a. De ventas
b. Impuestos y útiles	b. De administración
1. GASTOS DE FABRICACIÓN	c. De fabricación
a. Sueldos	
b. Impuestos y útiles	

Codificación de cuentas

Todo Plan de Cuentas a efectos que cumpla sus fines de ordenamiento y organización de datos o informaciones contables supone la asignación de un número o una letra a cada una de las cuentas componentes del mismo; tales números o letras se conocen con el nombre de símbolos o códigos.

Estos símbolos o códigos constituyen representaciones abreviadas o contraídas para identificar las diversas cuentas y su utilización, de manera tal que puedan indicarse de manera ordenada y concisa al reducir a formas muy sencillas las descripciones más largas, evitando toda confusión por errores de descripción.

Efectivamente, siempre se ha insistido sobre la economía que supone el empleo de abreviaturas o símbolos en la tarea diaria y de rutina, ya que tienen un fin común de ahorrar esfuerzo mental, tiempo y gastos, impidiendo asimismo equivocaciones costosas.

Asimismo, permiten concentrar la atención sobre la cuenta que se analiza en los informes y la documentación con un mínimo de esfuerzo y ayudan a registrar, transmitir y comprender las órdenes e instrucciones que se impartan.

Para no insistir sobre la importancia del uso de símbolos o códigos en el uso de cuentas bastaría con decir que la no utilización de símbolos o códigos, puede ser vaga, aunque se empleen las palabras en su sentido exacto, por la razón que todas las personas no les atribuyen idéntico significado.

Para recalcar la importancia del uso de la codificación en las cuentas, enumeraremos rápidamente sus ventajas:

1. Rapidez en encontrar las mismas.
2. Facilidad en clasificar las operaciones.
3. Reducción del trabajo inherente a las anotaciones.
4. Mayor precisión en la contabilidad.
5. Memorización de los diferentes conceptos.
6. Facilidad en registrar las operaciones mediante la utilización de sistemas electrónicos y mecánicos.

Para la codificación de cuentas suelen adoptarse distintos sistemas, cada uno de los cuales presenta ciertas ventajas e inconvenientes, y su utilización depende de los fines propuestos en su aplicación sobre los cuales nos extendemos a continuación.

Códigos en orden numérico o correlativo

Es el método más simple que puede utilizarse en la codificación de cuentas y consiste en la asignación a cada cuenta de un código cuya ordenación tiene el desarrollo de la escala natural de números.

Por ejemplo:

1 Caja
2 Mercaderías
3 Deudores
4 Muebles y útiles
5 Rodados
6 Acreedores
7 Capital
1 Cuentas de Activo
2 Cuentas de Pasivo
3 Cuentas de Patrimonio Neto
4 Cuentas de Ganancias y pérdidas
5 Cuentas de Resultado negativo (pérdidas o gastos)
6 Cuentas de Resultado positivo (ganancias o ingresos)

Codificación decimal

Este sistema de codificación permite realizar una agrupación metódica de las cuentas y es uno de los que se emplean con mayor frecuencia pues presenta las ventajas de una expansión ilimitada, de fácil memorización y posibilita la intercalación de cuentas.

Consiste en elegir números dígitos iniciales para determinar el grupo a que pertenece cada cuenta. Por ejemplo:

Otra forma de codificación decimal puede ser así:

100 ACTIVO
- 110 Disponibilidades
  - 111 Caja
  - 112 Bancos
    - 1121 Banco de la Nación Argentina
    - 1122 Banco de la Provincia de Buenos Aires
- 120 CRÉDITOS
- 121 Deudores por ventas
  - 1211 Capital y Gran Buenos Aires
  - 1212 Interior de la Provincia de Buenos Aires
  - 1213 Interior del país

Según puede observarse, el primer dígito, comenzando de la izquierda, indica si la cuenta es de Activo, Pasivo o Resultados; el segundo dígito el grupo a que corresponde (Disponibilidades, Créditos, Bienes de Cambio, Bienes de Uso, etc.), el tercero el orden que tiene cada cuenta dentro de cada grupo y el cuarto identifica las distintas subcuentas.

Codificación tipo block o contingentes

Se aplica esa denominación al sistema que utiliza grupos o blocks de números para representar clasificaciones determinadas; muy utilizado para los casos de agrupamiento por Rubros (mencionado anteriormente):

Los blocks elegidos no se ordenan de acuerdo con decenas, centenas, o milla- res, sino de acuerdo con cualquier número de unidades según necesidades.

Ejemplo:

100 - 200 – Disponibilidades

201 - 300 – Créditos

301 - 400 – Bienes de Uso

401 - 500 – Bienes de Cambio

501 - 600 – Cargos Diferidos

601 - 700 – Deudas

701 - 800 – Previsiones

801 - 900 – Utilidades Diferidas

901-1000 – Capital y Resultados

Si bien permite la intercalación de conceptos, las posibilidades de ampliación se encuentran limitadas a la reserva que se hubiese efectuado de números vacantes en cada grupo.

Por otra parte, ese sistema no es fácil de retener e interpretar, pues carece de una verdadera base sistemática.

Codificación alfabético-numérica

En este sistema se utilizan códigos con letras y números en forma combinada; la parte numérica sigue un desarrollo similar al de la codificación decimal.

Ejemplo:

A ACTIVO
- A.1 Disponibilidades
  - A.11 Caja
  - A.12 Bancos
    - A.121 Banco de la Nación Argentina
    - A.122 Banco de la Provincia de Buenos Aires
- A.2 Créditos
  - A.21 Deudores por Venas
    - A.211 Capital y Gran Buenos Aires
    - A.212 Interior de la Pcia. de Buenos Aires
    - A.213 Interior del país

La introducción del sistema alfabético a esta forma de codificación trata de buscar una mayor expansión o amplitud a la codificación decimal.

EJERCICIO DE AUTOEVALUACIÓN

Cuentas

Indique el nombre de la Cuenta a utilizar en la operación a que se refiere la columna de Concepto y marque con una X en la columna a la cual de los siguientes grupos corresponde.

1) Cuentas de ACTIVO
2) Cuentas de PASIVO
3) Cuentas de RESULTADO POSITIVO
4) Cuentas de RESULTADO NEGATIVO

CONCEPTO	CUENTA	1	2	3	4
¿Qué cuenta utilizaría para designar todos los movimientos que efectuamos nuestros depósitos bancarios y cheques?					
¿Qué cuenta tiene por objeto representar los pagarés que suscribimos a favor de terceros y cuyo vencimiento no se ha operado?					
¿Qué cuenta utilizaría para agrupar las personas que tienen alguna obligación con la empresa, comúnmente generada por haberles vendido mercaderías a plazo?					
¿Qué cuenta utilizaría para agrupar todo valor que represente dinero, monedas, billetes, cheques, recibidos, etc.?					
¿Qué cuenta representa los pagarés que recibimos de terceros y cuyo vencimiento no se ha operado, sean de su firma o endosados por los mismos?					
¿Qué cuenta agrupa todos aquellos elementos o cosas que adquirimos para ser usados en las funciones administrativas del comercio, como ser: escritorios, archivos, máquinas de escribir y calcular, sillas, etc.?					

¿Qué cuenta utilizamos para representar los automotores que la empresa adquiere con cualquier destino: camiones, pick-ups, automóviles, etc.					
¿Qué cuenta utilizaría para representar los aportes efectuados al negocio por el dueño y que son invertidos para llevar a cabo la actividad?					
¿Qué cuenta emplea para contabilizar las operaciones habituales de productos que revende o fabrica?					
¿En qué cuenta acreditaría los descuentos que se logran por pagos realizados a corto plazo a los acreedores?					
¿Qué cuenta utilizaría para representar gastos menores de oficina y administración como compra de lápices, tinta, carpetas, papel, etc.					
¿Qué cuenta utilizaría para registrar el objeto de las transacciones comerciales, cualquiera que sea el ramo de la empresa?					
¿Qué cuenta utilizaría para agrupar las remuneraciones que se abonan mensualmente al personal de la empresa?					

Agrupamiento de cuentas

De acuerdo con las opciones que se indican, indicar la columna que corresponda al grupo que pertenece la CUENTA que se indica en cada caso.

OPCIONES

1. DISPONIBILIDADES
2. CRÉDITOS
3. BIENES DE CAMBIO
4. BIENES DE USO
5. CARGOS DIFERIDOS
6. DEUDAS
7. PREVISIONES
8. UTILIDADES DIFERIDAS
9. CAPITAL Y RESULADOS

CUENTAS	1	2	3	4	5	6	7	8	9
Ventas									
Amortizaciones acumuladas									
Previsión incobrabilidad									
Amortizaciones									
Valores a depositar									
Costo de ventas									
Haberes netos a pagar									
Descuentos concedidos									
Mercaderías									
Bancos									
Gastos anticipados									
Alquileres pagados por adelantado									
Gastos a pagar									
Rodados									
Acreedores									
Pérdidas y ganancias									
Documentos a cobrar									
Alquileres cobrados por adelantado									
Ingresos por servicios									
Obligaciones a pagar									
Acreedores									

CAPÍTULO 9

Principios y Métodos

¿QUÉ ES LA PARTIDA DOBLE?

El procesamiento contable de las operaciones de las empresas u organizaciones se lleva a cabo siguiendo un método o procedimiento para registrar y de acuerdo con principios establecidos.

En efecto, todas las operaciones que realiza una empresa u organización, son registradas en libros, registros y/o formularios, empleando denominaciones genéricas para todos los bienes, servicios, inversiones, créditos y deudas que ingresen o egresen de la empresa y que posean un similar concepto económico que los distinga entre sí, que llamamos Cuentas.

Pero, para el registro de dichas operaciones, se sigue un método o procedimiento que se conoce con el nombre de Partida Doble, que no es otra cosa que el registro de cada uno de los términos que afectan a la igualdad patrimonial (AC- TIVO = PASIVO + PATRIMONIO NETO) pero manteniendo su equilibrio, es decir que la suma de los importes que sean registrados en el Debe (ACTIVO) deben ser constantemente igual a la suma de los importes registrados en el Haber (PASIVO + PATRIMONIO NETO).

Para mantener ese constante equilibrio es necesario:

- La existencia de un sistema de cuentas o denominaciones genéricas divididas en dos partes que permitan asentar separadamente los aumentos y disminuciones de valores que en ellas se produzcan.
- Que dichos valores se registren en forma simultánea en una o varias cuentas del DEBE y del HABER pertenecientes al sistema de cuentas utilizado, manteniendo la siguiente igualdad en todo registro:

SUMA DE LOS DÉBITOS = SUMA DE LOS CRÉDITOS

Utilizando este método conocido como Partida Doble, por la duplicidad del registro de valores adoptado, la igualdad patrimonial no alterará su equilibrio, pues a ella se le han de sumar o restar en forma continua, las operaciones que se efectúen con iguales valores en ambos términos.

Con el fin de adoptar un procedimiento que permita ubicar con toda precisión las distintas cuentas a utilizar, podemos emplear el siguiente razonamiento:

A. Para determinar la cuenta deudora

¿Qué cuenta de activo aumenta?

¿Qué cuenta de pasivo disminuye?

¿Qué cuenta de pérdida aumenta?

¿Qué cuenta de ganancia disminuye?

B. Para determinar la cuenta acreedora

¿Qué cuenta de Activo disminuye?

¿Qué cuenta de Pasivo aumenta?

¿Qué cuenta de ganancia aumenta?

¿Qué cuenta de pérdida disminuye?

REGISTRO CONTABLE

El registro de las operaciones de una empresa utilizando el método de la Partida Doble se realiza por medio del llamado asiento que es el acto por medio del cual se procede a toda registración en alguno de los libros o registros de la empresa en forma contable, de tal manera que permita identificar la cuenta deudora y la cuenta acreedora (asientos simples) o por dos o más cuentas deudoras y/o acreedoras (asientos compuestos).

El registro contable de una operación comercial tiene por objeto registrar en forma contable las operaciones de la empresa a medida que estas se realizan; supongamos el caso del aporte de dinero a un negocio que se constituye, el cual se registra por medio de un asiento.

En el primer renglón del mismo se traza una línea horizontal cortada en el centro en cuyo espacio se coloca el día que corresponde a la operación (el mes y el año se consignan en la parte superior de la hoja o folio de que se trate). En el renglón siguiente y junto al margen izquierdo se registrará la cuenta deudora y en la penúltima columna (DEBE) el importe de la misma.

A renglón seguido, y separada del margen izquierdo la cuenta acreedora, y en la columna de la derecha (HABER) el importe correspondiente.

Anteriormente, se solía utilizar la preposición a, como se indica en el modelo anterior, para separar la cuenta acreedora del margen izquierdo, costumbre fue abandonada y, que los actuales sistemas computarizados han eliminado por completo.

A continuación de la cuenta acreedora y en el renglón siguiente se redacta, utilizando el espacio destinado a registrar las cuentas deudoras y acreedoras, un detalle sintético de la operación comercial que se asienta. Concluido el detalle a que nos hemos referido anteriormente se cierra el asiento con otra línea horizontal cortada en el centro cuyo espacio se destina a colocar el día de la próxima operación que se asiente.

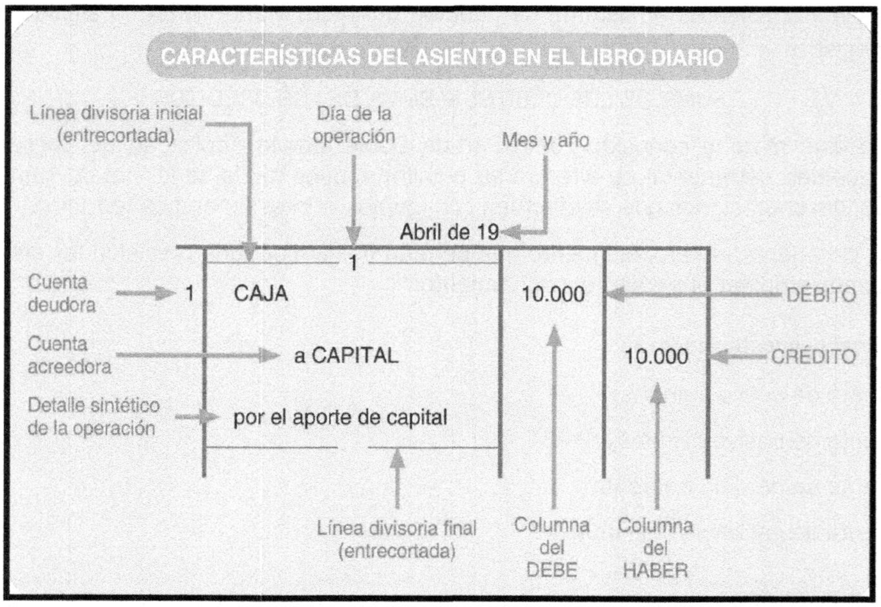

Importante

Esta forma de registro, que en menor grado es utilizada hoy en pequeños negocios, tiene por objeto recordarla para todo aquel que se introduzca en el estudio de los sistemas de información como basamento teórico que le permite comprender la metodología original del proceso contable, pues en la actualidad, dado la incorporación, casi general, de los sistemas computarizados en las empresas, ha posibilitado que dicho proceso, desde su registro hasta la clasificación de cuentas y la obtención de las informaciones necesarias para la elaboración de los estados contables, se realice en forma automática, interviniendo el usuario solamente en el ingreso de los datos necesarios.

En nuestro Capítulo 9, se podrá observar, con ejemplos prácticos, la aplicación del Método de la Partida Doble y sus principios a las operaciones básicas o típicas de una empresa que conforman su ciclo operativo, no sin antes exponer lo concerniente a una operación que requiere un análisis más profundo, cual es el registro de la venta de bienes de cambio, fuente principal de la actividad de toda empresa y cuya contabilización puede ocasionar distorsiones en sus resultados como consecuencia de las especiales características que ella tiene.

REGISTRACIÓN

Justamente, uno de los problemas que se plantean en la utilización de la o las cuentas de bienes de cambio, es la existencia de una diferencia de valores entre los distintos precios en que se adquieren las mercaderías y a los cuales se venden las mismas.

De allí que, en el momento de la venta o realización de las mercaderías, debemos atender a dos aspectos esenciales en su contabilización.

- La venta y la salida de las mercaderías del patrimonio del vendedor.
- La ganancia o de la eventual pérdida que se origina en dicha operación.

Téngase en cuenta que nos referimos exclusivamente a los registros de la operación por parte del vendedor, pues el que corresponde al comprador no presenta dificultad alguna, ya que el ingreso de las mercaderías a su patrimonio se realiza a un valor fijo de adquisición, constituyendo una simple modificación de su patrimonio de carácter permutativo (cambio de un activo por otro o aumento del activo por un correlativo aumento del pasivo).

En los ejemplos que expusimos anteriormente (Capítulo 6) al realizar un análisis de la igualdad patrimonial y los efectos que las ventas de mercaderías tenían sobre el patrimonio neto que producían una ganancia o pérdida que podía afectarlo no planteamos, por razones metodológicas, las dificultades que se derivan en la práctica debido a los diferentes valores utilizados para el registro de su compra y de su venta.

Sin embargo, esta situación adquiere una importancia radical al realizar el balance de fin de ejercicio, por cuanto puede modificar esencialmente su resultado de acuerdo al procedimiento adoptado en su contabilización y, también, la obtención de informaciones útiles para la toma de decisiones empresarias.

Características de la operación de venta de bienes de cambio

La venta de mercaderías (representativa de los bienes de cambio) supone la disminución de un valor Activo y el reemplazo del mismo por otro valor (efectivo, cheque, pagaré, cuenta corriente, etc.) que, generalmente, es superior al primero.

Partiendo de un principio fundamental de la Partida Doble que todo bien que ingresa a un Patrimonio por un determinado valor debe salir de él por un valor equivalente, las mercaderías vendidas deben ser contabilizadas en el momento de su salida por el mismo valor en que han ingresado al patrimonio de la empresa.

Así, por ejemplo, si adquirimos mercaderías por valor de $10.000 que posteriormente vendemos a $ 15.000, tanto la entrada como la salida de dichas mercaderías del patrimonio del vendedor deberá ser realizada a su valor de adquisición ($10.000) y la diferencia obtenida en la venta ($ 5.000), que representa una ganancia en dicha operación, tendrá que ser registrada en forma independiente en una cuenta de resultado.

Si no se hiciera así y se utilizara la cuenta Mercaderías para registrar sus adquisiciones a los valores de compra y sus ventas a los valores de venta, se obtendrían resultados que quedarían registrados en dicha cuenta, y el saldo de la misma no tendría concordancia con el valor de sus existencias en el momento de realizar un recuento.

Ejemplo:

Supongamos que adquirimos 20 computadoras a $ 1.500 c/u. al contado en dinero en efectivo, de las cuales vendemos 10 de ellas en la suma de $ 2.000 cada una, y registráramos esas operaciones en nuestro libro Diario con los siguientes asientos:

MERCADERÍAS	30.000	
a CAJA		30.000
Por la compra de 20 (veinte) computadoras a $ 1.500 cada una en dinero en efectivo.		

CAJA	20.000	
a MERCADERÍAS		20.000
Por la venta de 10 (diez) computadoras a $ 2.000 cada una en dinero en efectivo.		

El saldo de nuestra cuenta MERCADERÍAS sería deudor en $ 10.000 (resultante de debitarla por $ 30.000 y acreditarla por $ 20.000); pero, nuestras existencias de mercaderías si realizamos un recuento de las mismas sería de: 10 computadoras cuyo precio de compra fue de $ 1.500 lo cual nos daría una existencia por valor de $ 15.000, o sea un valor superior al de nuestros registros.

Efectivamente, las computadoras fueron adquiridas a $ 1.500 cada una, lo cual nos da un valor de $ 15.000 (10 computadoras a $ 1.500 c/u. a su precio de compra; la razón de esa diferencia entre $ 15.000 (valor de la existencia) y $ 10.000 (valor de libros) resulta de haber registrado en la cuenta Mercaderías la ganancia de $ 500 por cada computadora ($ 5.000 por la venta de las 10 computadoras)

Como puede observarse en el ejemplo anterior, el saldo de la cuenta Mercaderías no sería representativo sólo de un valor del Activo, sino también de una ganancia que disminuiría el valor de este por la ganancia obtenida.

Si utilizamos esa forma de registro para determinar realmente el resultado habido, deberíamos recurrir previamente a practicar un recuento de las mercaderías, valuarlo a los precios de compra en que ingresó cada una de las computadoras y establecer por diferencia entre este valor y el saldo contable de la cuenta Mercaderías.

Dado que ese procedimiento sería de uso complicado y a veces imposible de realizar en la práctica en forma permanente, por la cantidad de unidades de cada producto que se adquiera o elabore en una empresa y la diversidad de los precios de compra o de costo y de venta que puedan presentarse en un período que puede llegar a un ejercicio (un año) se utiliza un procedimiento especial de registración que permite obtener igual información en forma constante, conociendo el resultado de las operaciones en cualquier momento que sea requerido.

Registración de la venta de mercaderías

Con el fin de solucionar el problema antes señalado podríamos adoptar dos soluciones:

- Registrar en la cuenta MERCADERÍAS, tanto las entradas como las salidas a su precio de compra y la ganancia o pérdida que se obtenga en la venta en una cuenta de resultados: GANANCIAS Y PÉRDIDAS u otra similar (Procedimiento simple).

CAJA	20.000	
a MERCADERÍAS		15.000
a DIFERENCIA VTA. MERC.		5.000
Por la venta de 10 computadoras a $ 2.000 cada una en dinero en efectivo.		

- Registrar en la cuenta MERCADERÍAS la entrada a su precio de compra y la venta en dos asientos como si se tratara de dos operaciones distintas (Procedimiento informativo), es decir:

1. Contabilizando en un asiento la venta, sea al contado o a plazo, utilizando una cuenta de resultados que podríamos llamar VENTAS.

CAJA	20.000	
a VENTAS		20.000
Por la venta de 10 computadoras a $ 2.000 cada una, en dinero en efectivo.		

2. Contabilizando en otro asiento la salida de la mercadería vendida a su valor de costo, utilizando una cuenta deudora representativa de ese costo que podríamos llamar COSTO DE VENTAS.

COSTO DE MERCADERÍAS	15.000	
a MERCADERÍAS		15.000
Para contabilizar la entrega de 10 computadoras cuyo costo de adquisición fue de $ 1.500 cada una.		

En esta forma el saldo de la cuenta MERCADERÍA sería coincidente con el valor de la existencia de las mismas (10 computadoras adquiridas a $ 1.000) y la ganancia obtenida surgiría del saldo de la cuenta VENTAS menos el de COSTO DE VENTAS ($10.000).

No debemos olvidar que la Contabilidad no solo produce informaciones para la propia empresa sino para terceros, y dentro de éstos se encuentra el Fisco que ejerce un control sobre los importes registrados cuya mayor imposición se refiere al monto de las ventas efectuadas (caso el IVA); por lo tanto, esta última alternativa presenta la ventaja que nos permite llevar un registro de las ventas realizadas de fácil acceso, no solo para cumplir con esa obligación fiscal sino también para brindar la información necesaria a los ejecutivos de la empresa para evaluar la importancia de los distintos conceptos de gastos e inversiones en función de la actividad de la empresa (ya que el monto de las ventas es representativo de la misma).

EJERCICIOS DE AUTOEVALUACIÓN

Principios y métodos

Asentar el siguiente cuadro en la columna que corresponda a cada operación el nombre de la o las cuentas que aumenten o disminuyen y, en el segundo cuadro de la siguiente página que cuentas se debitan o acreditan.

OPERACIÓN	¿Qué cuenta aumenta?	¿Qué cuenta disminuye?
Compra de mercaderías que abonamos en dinero en efectivo.		
Pago a un acreedor en dinero efectivo, por una compra de mercaderías a plazo.		
Venta de mercaderías que cobramos en dinero en efectivo.		
Cobro a un deudor en dinero en efectivo por una venta de mercaderías a plazo.		
Devolución de una mercadería adquirida en cuenta corriente.		
Pago a un acreedor con cheque por una compra de mercaderías a plazo.		
Compra de mercaderías que abonamos con un cheque de nuestra firma.		
Venta de mercaderías que cobramos en un cheque del comprador.		

Operación	¿Qué cuenta se debita?	¿Qué cuenta se acredita?
Compra de mercaderías que abonamos en dinero en efectivo.		
Pago a un acreedor en dinero efectivo, por una compra de mercaderías a plazo.		
Venta de mercaderías que cobramos en dinero en efectivo.		
Cobro a un deudor en dinero en efectivo por una venta de mercaderías a plazo.		
Devolución de una mercadería adquirida en cuenta corriente.		
Pago a un acreedor con cheque por una compra de mercaderías a plazo		
Compra de mercaderías que abonamos con un cheque de nuestra firma		
Venta de mercaderías que cobramos en un cheque del comprador		
Cobro de un pagaré recibido de un tercero mediante la recepción de un cheque		
Devolución de una mercadería vendida en cuenta corriente		
Depósitos bancarios en dinero efectivo.		

CAPÍTULO 10

Aplicación a las operaciones básicas

INTRODUCCIÓN

Para una mejor apreciación de los conceptos esbozados en el anterior capítulo respecto del registro de operaciones en el Libro Diario de toda empresa, analizaremos en forma práctica y a manera de ejemplo, algunas de las operaciones más comunes en toda empresa de manera tal que nos permita conocer mecanismo utilizado para identificar dichas cuentas cuyo método ha sido bautizado con el nombre de Partida Doble, por cuanto facilita el registro de las dos partes que influyen en toda operación la deudora y la acreedora en un registro simultáneo.

A tal efecto tomaremos en cuenta las distintas operaciones que nos sirvieron como ejemplos en el desarrollo de la igualdad patrimonial (Capítulo 6) y partiendo del esquema correspondiente a la dicha igualdad en cada operación, formularemos el asiento respectivo de acuerdo a la metodología indicada anteriormente:

APORTE DE CAPITAL

Recordemos que, para este ejemplo hemos partido del aporte de un capital inicial a una empresa formado por $ 50 en dinero en efectivo, mercaderías por $100, cuentas a cobrar por $ 100 y deudas a pagar por $ 100, cuyo patrimonio representamos de acuerdo al siguiente esquema horizontal:

ACTIVO						=	PASIVO + PATRIMONIO NETO		
Op.	CAJA	+	MERCADERÍAS	+	DEUDORES	=	ACREEDORES	+	CAPITAL
1	50	+	100	+	100	=	100	+	150

La forma de registrar contablemente dicha operación será la siguiente:

CAJA	**50**	
MERCADERÍAS	**100**	
DEUDORES	**100**	
a ACREEDORES		**100**
a CAPITAL		**150**
Por el aporte de capital.		

COMPRA DE MERCADERÍAS AL CONTADO

Partiendo del asiento inicial que hemos visto anteriormente, realizamos una compra de mercaderías por $ 30 que incorporamos a nuestro patrimonio inicial, de acuerdo al siguiente razonamiento, por lo cual la igualdad patrimonial se representa en la siguiente forma:

ACTIVO						=	PASIVO + PAT. NETO		
Op.	CAJA	+	MERCADERÍAS	+	DEUDORES	=	ACREEDORES	+	CAPITAL
Inicial	50	+	100	+	100	=	100	+	150
Compra	-30	+	30			=			0
Actual	20	+	130	+	100	=	100	+	150

La forma de registrar contablemente dicha operación será la siguiente:

MERCADERÍAS	30	
a CAJA		30
Por la compra de mercaderías al contado.		

Al igual que en la exposición de la igualdad patrimonial realizada en nuestro Capítulo 6, hemos omitido en la registración de esta operación, por razones de metodología, la aplicación del Impuesto al Valor Agregado, al igual que en los ejemplos de venta de mercaderías con pérdida o ganancia que expondremos más adelante para no dificultar la comprensión de los distintos conceptos.

COMPRA DE MERCADERÍAS A PLAZO

Siempre teniendo en cuenta el patrimonio inicial antes establecido para estos ejemplos incorporamos una compra de mercaderías por $ 30 pero con pago diferido en cuenta corriente.

ACTIVO						=	PASIVO + PAT. NETO		
Op.	CAJA	+	MERCADERÍAS	+	DEUDORES	=	ACREEDORES	+	CAPITAL
Inicial	50	+	100	+	100	=	100	+	150
Compra		+	30			=	30		0
Actual	50	+	130	+	100	=	130	+	150

La forma de registrar contablemente dicha operación será la siguiente:

MERCADERÍAS	30	
a ACREEDORES		30
Por la compra de mercaderías a plazo.		

PAGO EN DINERO EFECTIVO A UN ACREEDOR

Si tenemos la composición del patrimonio que resulta de la igualdad patrimonial anterior e incorporamos el pago al acreedor anterior en dinero en efectivo efectuaremos el siguiente razonamiento:

ACTIVO						=	PASIVO + PAT. NETO		
Op.	CAJA	+	MERCADERÍAS	+	DEUDORES	=	ACREEDORES	+	CAPITAL
1	50	+	100	+	100	=	100	+	150
Pago	-30	+			0	=	-30		0
Actual	20	+	100	+	100	=	70	+	150

La forma de registrar contablemente dicha operación será la siguiente:

ACREEDORES	**30**	
a CAJA		**30**
Por nuestro pago en dinero en efectivo.		

PAGO DE GASTOS EN DINERO EFECTIVO

Ahora partiendo del patrimonio inicial de comienzos de este capítulo asentaremos en nuestra igualdad patrimonial un pago de gastos por $ 20 en dinero en efectivo que, como observaremos constituye una pérdida que deberemos deducir de nuestro patrimonio neto.

ACTIVO						=	PASIVO + PATRIMONIO NETO				
Op.	CAJA	+	MERCAD.	+	DEUDORES	=	ACREED.	+	CAPITAL-PÉRDIDA		
Inicial	50	+	100	+	100	=	100	+	150		
Pago	-20					=				-	20
Actual	30	+	100	+	100	=	100	+	150	-	20

La forma de registrar contablemente dicha operación será la siguiente:

GASTOS GENERALES	**20**	
a CAJA		**20**
Por el pago de gastos en dinero en efectivo.		

VENTA DE MERCADERÍAS CON GANANCIA

También partiendo del patrimonio inicial de comienzos de este Capítulo asentaremos la venta de la mitad de las mercaderías en existencia a un valor de $ 80, obteniendo una ganancia de $ 30 que incrementará nuestro patrimonio neto.

ACTIVO						=	PASIVO + PATRIMONIO NETO				
Op.	CAJA	+	MERCAD.	+	DEUDORES	=	ACREED.	+	CAPITAL+GANANCIA		
Inicial	50	+	100	+	100	=	100	+	150		
Venta	80		50			=				+	30
Actual	130	+	50	+	100	=	100	+	150	+	30

De acuerdo con lo señalado en nuestro capítulo anterior el registro contable de la venta de mercaderías (objeto de la actividad de la empresa) puede realizarse en dos formas; según adoptáramos el procedimiento simple sería a través del siguiente asiento:

CAJA	**80**	
a MERCADERÍAS		**50**
a DIFERENCIA VTA. MERC.		**30**
Por la venta al contado de mercaderías.		

Pero, adoptando el llamado procedimiento informativo, que es el más utilizado en la práctica y de mayor utilidad desde el punto de vista práctico, procederíamos a la confección de los siguientes dos asientos:

CAJA	**80**	
a VENTAS		**80**
Por la venta al contado de mercaderías.		

VENTA DE MERCADERÍAS CON PÉRDIDA

Si el caso anterior representara la venta de esa mitad de las mercaderías existente en la suma de $ 40 la ganancia se hubiera transformado en una pérdida de $ 10 que hubiera disminuido el patrimonio neto en la forma que se indica en la siguiente igualdad patrimonial:

ACTIVO						=	PASIVO + PATRIMONIO NETO				
Op.	CAJA	+	MERCAD.	+	DEUDORES	=	ACREED.	+	CAPITAL+GANANCIA		
1	50	+	100	+	100	=	100	+	150		
Venta	-40		50			=				-	10

La forma de registrar contablemente dicha operación será la siguiente:

CAJA	**40**	
PÉRDIDAS	**10**	
a MERCADERÍAS		**50**
Por el aporte de capital.		

Utilizando en este caso los procedimientos señalados en el caso anterior el asiento que formularíamos en el procedimiento simple sería el siguiente:

CAJA	**40**	
DIF. VENTA DE MERCADERÍAS	**10**	
a MERCADERÍAS		**50**
Por la venta al contado de mercaderías.		

Y, el resultante de la aplicación del procedimiento informativo, sería el que resulta de los siguientes asientos:

CAJA	**40**	
a VENTAS		**40**
Por la venta al contado de mercaderías.		

COSTO DE VENTAS	**50**	
a MERCADERÍAS		**50**
Para contabilizar la entrega de mercaderías vendidas a su costo de adquisición		

EJERCICIO DE AUTOEVALUACIÓN

Aplicación a las operaciones básicas

En el siguiente ejercicio el alumno deberá confeccionar los asientos correspondientes a cada una de las operaciones y en las de venta consignará la utilidad o pérdida en una cuenta de GANANCIAS Y PÉRDIDAS que forma parte del Patrimonio neto.

Respecto de estas últimas operaciones, en nuestro Capítulo de Ajustes perteneciente al Bloque 3, se indica el procedimiento que debe ser utilizado para las mismas teniendo en cuenta la aplicación del I.V.A. y el desdoblamiento en su contabilización para reflejar con claridad su costo y precio de venta.

Operaciones a registrar:

A continuación, se indican un ciclo de operaciones para redactar los asientos correspondientes en el libro Diario.

1) En la fecha aporto a mi negocio de artículos para el hogar lo siguiente:

Mercaderías:

10 televisores LCD de 32" a	$ 5.000 c/u	$ 50.000
5 heladeras a	$ 3.000 c/u	$ 15.000
		$ 65.000
Dinero en efectivo		$20.000
Muebles y útiles		$ 15.000

2) Compramos 4 lavarropas a $ 3.000 c/u. abonando por los mismos la cantidad de $ 2.000 en dinero en efectivo y entregando por el saldo un pagaré de n/ firma a 30 días de la fecha.

3) Vendemos 6 televisores a $ 7.000 c/u. recibiendo en pago de los mismos un cheque del Comprador por el 50% y el saldo en dinero en efectivo.

4) Depositamos en el Bco. Nación la cobranza efectuada en la operación 3 (cheque y efectivo).

5) Compramos 6 licuadoras a $ 500 c/u. entregando un cheque de n/ firma contra el Bco. Nación por $ 1.000 y el saldo en dinero en efectivo.

6) Vendemos 2 heladeras a $ 5.000 c/u. a la firma Ruiz y Compañía, recibiendo en pago de las misma$ 2.000 en dinero en efectivo, un cheque de su firma por $ 3.000 y por el saldo recibimos un pagaré de dicha firma a 60 días de la fecha.

1			
2			
3			
4			
5			
6			
7			

CAPÍTULO 11

Mayor de cuentas

CONCEPTO

La registración de todas las operaciones comerciales se realiza en el libro Diario en el cual se incluyen los asientos resúmenes de los distintos subdiarios utilizados, aplicando el Método de la Partida Doble, cumpliendo así con las disposiciones legales vigentes que obligan a todo comerciante a asentar día por día y según el orden en que se vayan efectuando todas las operaciones que realice.

Sin embargo, dicho libro DIARIO no brinda una información sistemática que permita conocer en cualquier momento el estado de las distintas cuentas utilizadas, a efectos de conocer sobre cualquier aspecto parcializado del patrimonio o de los resultados de la empresa, tanto a medida que se va desarrollando la actividad de la empresa como al fin de un período determinado.

Cuando nos referimos a una información sistemática pretendemos definir con dicha frase un concepto de ordenamiento y clasificación de los conceptos registrados que tenga por objeto agrupar aquellos de naturaleza económica similar representados por medio de las CUENTAS utilizadas.

Ese ordenamiento y clasificación a través de las cuentas se realiza comúnmente por medio de un registro que sirve a tal propósito conocido con el nombre de MAYOR DE CUENTAS, que no es otra cosa que un registro de segunda entrada de los datos ya registrados en forma cronológica en el libro Diario o en los Subdiarios respectivos que lo complementan.

Dicha operatoria tratamos de reflejarla en el gráfico superior de la página siguiente.

Hemos adoptado la denominación de registro de segunda entrada en lugar de la más conocida como LIBRO MAYOR pues esta última limita su concepto a una sola de las formas utilizadas (libro) que hoy ha sido abandonada por su falta de practicidad.

De allí que utilizar el nombre de MAYOR DE CUENTAS nos parece más acertado para definir su objeto específico sin limitarlo a su uso en una forma determinada.

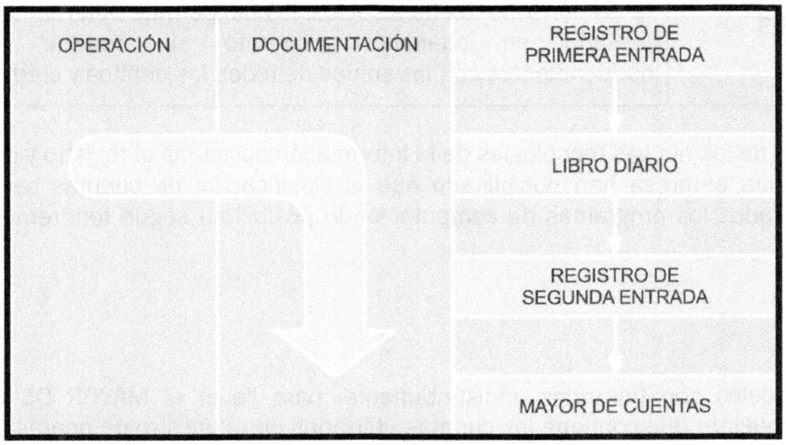

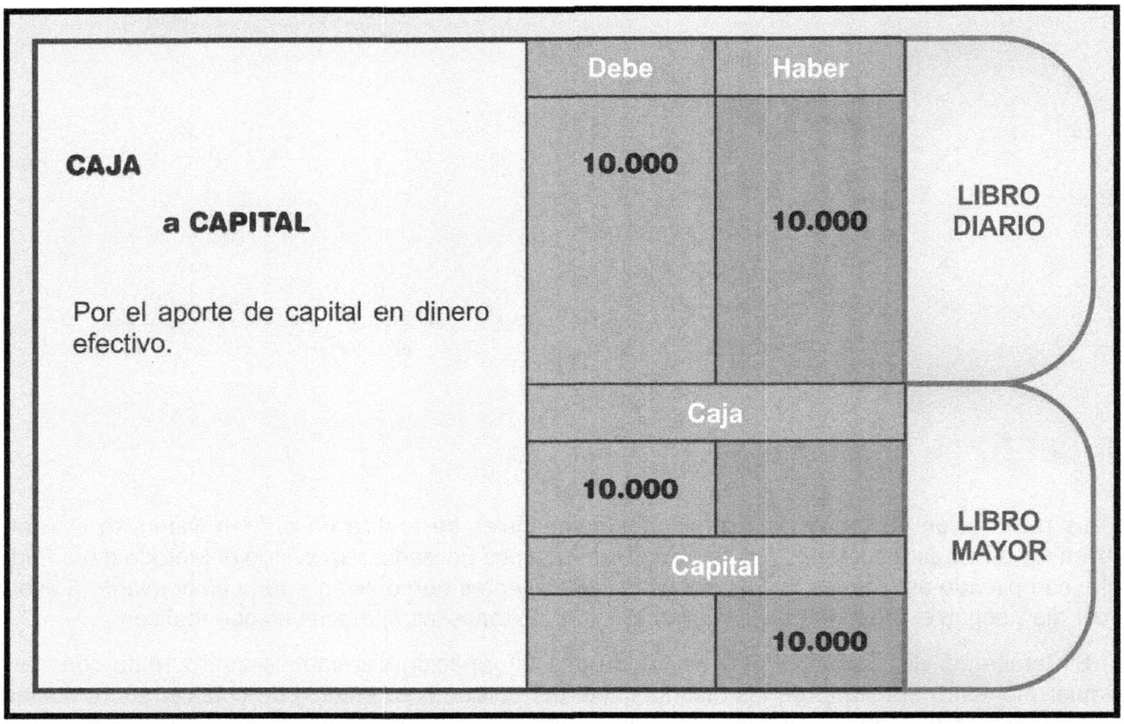

OBJETO

Según hemos expresado el MAYOR DE CUENTAS tiene por objeto resumir el movimiento de las cuentas asentadas en el libro DIARIO llevando en cada una de sus partes o divisiones los movimientos de cada CUENTA.

No obstante, no ser este registro de uso obligatorio desde el punto de vista legal, resulta indispensable desde el punto de vista práctico por la información que suministra; sin embargo, la costumbre ha impuesto distintas formas al mismo que pueden resumirse en las siguientes:

MAYOR DE HOJAS FIJAS	Que posee el inconveniente derivado de la distinta cantidad de anotaciones que tiene cada una de las partes de las cuentas lo cual obliga a dejar grandes espacios en blanco convirtiéndolo en un libro pesado e incómodo de llevar.
MAYOR DE HOJAS MOVIBLES	Presenta la ventaja que el ingreso de los datos puede sucederse cronológicamente a medida que se realizan, al igual que la extracción de los correspondientes saldos, lo cual permite obtener la información deseada en cualquier momento sin realizar operaciones independientes con las sumas de todos los débitos y créditos.

La aplicación de las nuevas tecnologías de la información aplicadas al registro y clasificación de las operaciones de toda empresa han posibilitado que la clasificación de cuentas se realice en forma automática pues todos los programas de computación lo posibilitan según tendremos oportunidad de ver más adelante.

MODELOS

Diversos modelos son utilizados, indistintamente, para llevar el MAYOR DE CUENTAS ya que tratándose de un registro que contiene las cuentas utilizadas en el registro de operaciones, los distintos folios o fichas que contiene corresponden a cada una de ellas y pueden ser utilizados rayados de distintas características con el fin de lograr la mejor información de las mismas.

No obstante, todos los modelos de rayados que veremos a continuación poseen una parte común destinada a asentar la fecha y concepto de cada movimiento en la respectiva cuenta.

A. Mayor de dos columnas:

El cual se encuentra dividido en dos partes iguales: una para los débitos (DEBE) y otra para los créditos (HABER).

DEBE Nombre de la cuenta: .... HABER

Fecha	Concepto	Importe	Fecha	Concepto	Importe

Este rayado presenta el inconveniente que cada uno de los lados de la cuenta se llena en forma desigual y para la obtención del respectivo saldo deben sumarse previamente los débitos y créditos.

B. Mayor de cuatro columnas:

Los inconvenientes señalados anteriormente han sido evitados mediante la utilización del rayado de cuatro columnas en el cual pueden extraerse los saldos a medida que se realizan los débitos o créditos en una cuenta y dichos saldos se ubican en distintas columnas según sean deudores o acreedores.

Nombre de la cuenta: ....

Fecha	Concepto	SUMAS		SALDO	
		DEBE	HABER	Deudores	Acreedores

C. Mayor de tres columnas:

En este tipo de rayado las columnas de saldos se unifican en una sola identificándose los saldos deudores en números negros y los saldos acreedores en números rojos.

Nombre de la cuenta: ....

Concepto	Importe	DEBE	HABER	SALDO

Es importante destacar que nos estamos refiriendo a registros llevados en forma manual pues como veremos en la última parte de esta obra cuando se aplica un sistema de información contable computarizado las operaciones de clasificación se realizan en forma automática en base a un programa o software elaborado a tales fines.

MAYORIZACIÓN

La operación de mayorización consiste en trasladar los datos de cada cuenta utilizada en los asientos del libro Diario a las cuentas abiertas en el MAYOR DE CUENTAS, o sea trasladar a éste último los distintos débitos o créditos de las diferentes cuentas utilizadas para el registro de operaciones registrados en aquel, agrupándolas así en forma independiente.

Al reunir en el MAYOR DE CUENTAS la totalidad del movimiento habido en la Empresa por medio de las cuentas, permite extraer del mismo dos tipos de informaciones en forma permanente:

- PARCIALES o INDIVIDUALES, respecto de cada cuenta en particular.
- GENERALES de todas las cuentas.

Las primeras informaciones, parciales o individuales, permiten analizar un concepto especial del patrimonio determinando su estado actual y su coincidencia con la realidad; tal el caso, por ejemplo, de la cuenta CAJA que, a través de su saldo deudor, podemos realizar un control permanente del dinero existente en la empresa.

En cambio, las informaciones generales que se extraen del MAYOR DE CUENTAS tienen íntima relación con los fines esenciales de todo Sistema de Información Contable de poder demostrar la situación patrimonial de la empresa y los resultados obtenidos de su actividad a través de los siguientes estados:

ESTADO DE RESULTADOS	Obtenidos a través del agrupamiento de todas las cuentas que representan pérdidas o ganancias.
ESTADO PATRIMONIAL	Resultante de las operaciones realizadas a través de las cuentas que representan los distintos términos del Patrimonio.

Los mayores de cuentas complementarios

Así como el Mayor de Cuentas resume y clasifica las cuentas utilizadas en el registro de los asientos en el Libro Diario, suelen llevarse también mayores complementarios que resumen y clasifican las cuentas `personales de los clientes y proveedores, con los cuales debe mantenerse una información permanente y actualizada en razón que de ella dependen los ingresos y egresos de la empresa, a efectos de un debido control.

El Mayor de cuentas en los sistemas computarizados

En la actualidad la aplicación de sistemas computarizados en el registro y clasificación de operaciones de una empresa prevén la automaticidad en todas ellas y los programas actuales efectúan los pases a las cuentas respectivas en forma simultánea en oportunidad del registro de todo asiento.

Es decir, en el solo ingreso de una factura de venta, por ejemplo, el sistema computarizado realiza el pase a la correspondiente cuenta principal y la respectiva subcuenta y efectúa el cálculo de su saldo en forma simultánea y automáticamente y permite obtener una impresión detallada de la misma para información de quien la requiera.

Con esa sola operación se obtiene, a requerimiento, el saldo de la cuenta y de la subcuenta respectiva y un detalle completo de las mismas en forma totalmente actualizada.

EJERCICIOS DE AUTOEVALUACIÓN

Mayor de Cuentas

1) ¿Qué pases al MAYOR DE CUENTAS efectúa en la VENTA de MERCADERÍAS por $ 180.000 que fueron adquiridas en la suma de $ 120.000, cobrando la tercera parte en efectivo y el saldo con pagaré que incluye $ 10.000 por intereses?
2) ¿Qué pases al MAYOR DE CUENTAS efectúa al registrar una factura B duplicado por MERCADERÍAS por $ 150.000 abonada en dinero en efectivo. que fueron adquiridas en $ 120.000.
3) ¿Qué pases al MAYOR DE CUENTAS efectúa al registrar una factura A duplicado por MERCADERÍAS en la suma de $ 20.000 abonada en dinero en efectivo?
4) ¿Qué pases al MAYOR DE CUENTAS efectúa al registrar una factura A duplicado por MERCADERÍAS en la suma de $ 20.000 abonada en dinero en efectivo?
5) ¿Qué pases al MAYOR DE CUENTAS efectúa al registrar una factura A duplicado por MERCADERÍAS en la suma de $ 20.000 abonada en dinero en efectivo?
6) ¿Qué pases al MAYOR DE CUENTAS efectúa al registrar una factura A duplicado por MERCADERÍAS en la suma de $ 20.000 abonada en dinero en efectivo?
7) ¿Qué pases al MAYOR DE CUENTAS efectúa al registrar una factura A duplicado por MERCADERÍAS en la suma de $ 20.000 abonada en dinero en efectivo?
8) ¿Qué pases al MAYOR DE CUENTAS efectúa al registrar una factura A duplicado por MERCADERÍAS en la suma de $ 20.000 abonada en dinero en efectivo?

CAPÍTULO 12

Medios de registración

CLASIFICACIÓN DE LOS REGISTROS

La existencia de las disposiciones legales existentes respecto de los libros o registros que toda empresa o comerciante deben llevar, tienen por objeto cumplir diferentes finalidades según sean:

DEL COMERCIANTE	-Dejar constancia de las operaciones que realiza y conocer la marcha real de la empresa. -Verificar el movimiento de sus valores, dinero, etc. -Controlar y observar a través de las ventas, compras, pagos, cobros, etc., los resultados que obtiene de sus actividades comerciales y orientar el desarrollo futuro de la empresa. -Anotar y conocer permanentemente el estado de su patrimonio.
DE TERCEROS	Son elementos probatorios en cualquier cuestión que pueda surgir en sus relaciones comerciales. Dan la información precisa para medir su crédito comercial basándose en estados contables representativos de su situación obtenidos de las registraciones en los mismos.
DEL FISCO	Brindan todos los elementos necesarios para el cumplimiento de sus obligaciones. Facilitan su fiscalización.

En función de dichas finalidades se ha establecido en algunos de ellos el carácter de:

OBLIGATORIOS	Son aquellos exigidos por el Código de Comercio, o sea: • LIBRO DIARIO • LIBRO INVENTARIOS Y BALANCES En determinadas actividades (caso auxiliar de comercio, seguros, bancos, etc.) existen también libros impuestos por disposiciones especiales, pero son obligatorios solamente para aquellos que practican las mismas.
NO OBLIGATORIOS	Son aquellos que, si bien no están prescriptos por disposición legal alguna, su uso se impone con el fin de lograr una adecuada integración del sistema contable o lo exijan la importancia y naturaleza de sus actividades; por ejemplo. el libro CAJA, el libro MAYOR, los distintos subdiarios de Compras, Ventas, etc.

Y, en función de su carácter informativo:

CRONOLÓGICOS	Que son aquellos cuyas operaciones deben registrarse en orden a las fechas que se van realizando no pudiendo alterarse ese orden; son llamados también históricos; en general casi todos los registros obligatorios o no obligatorios emplean el orden cronológico para la contabilización de las operaciones, pues también sirven de consulta para cualquier información parcializada.
SISTEMÁTICOS	Son aquellos utilizados para realizar una clasificación de los registros efectuados en base a su naturaleza económica con el fin de extraer informaciones representativas de los distintos conceptos (Mayores de Cuentas).

Respecto de esta última clasificación transcribimos un interesante cuadro que Fowler Newton ha incorporado en su Tratado de Contabilidad (Contabilidad Básica, 2do. curso), que amplía los conceptos antes señalados:

REGISTROS	**CLASE**			**EJEMPLOS**
	ORDEN DE ENTRADA	**FORMA**	**MEDIO**	
CRONOLÓGICOS	Primera entrada	Por fecha	Asiento	• Diario principal • Subdiario de compras • Subdiario de ventas • Subdiario de cobranzas • Subdiario de pagos
	Segunda entrada	Por concepto	Cuentas	• Mayor general • Submayor de clientes • Submayor de mercaderías • Submayor de proveedores
* Son llamados registros de primera entrada dado que las operaciones se registran en el orden en que ellas se van presentando y registros de segunda entrada cuando la información que resulta de las mismas se obtiene luego de un registro anterior.				

LIBRO DIARIO

Desde el punto de vista legal, cada comerciante deberá llevar algunos libros considerados indispensables; uno de ellos es el Libro Diario en el cual se asentarán en forma diaria y cronológica todas las operaciones que se efectúen, de modo que cada partida manifieste quién es el deudor y quién es el acreedor de las negociaciones.

El acto de asentar en el Libro Diario, día por día (jornada), las operaciones que realiza el comerciante, se conoce con el nombre de jornalización, término que se aplica también a toda operación de registro en un libro contable.

En el capítulo anterior hemos visto cómo se jornalizan o asientan las operaciones en una empresa, es decir, cómo se registran las mismas por medio de asientos en el Libro Diario.

El libro Diario en los sistemas computarizados

La incorporación de la computadora como un instrumento de procesamiento trajo como consecuencia un cambio sustancial en el registro de las operaciones en el libro Diario (al igual que en los restantes libros y subdiarios que veremos a continuación), dado que se ha simplificado notablemente el uso de los registros manuales o mecánicos, produciendo informaciones que son copiadas en libros rubricados.

En efecto, los programas que se utilizan en informática para el registro de las operaciones contienen la posibilidad que el operador solamente ingrese cada una de las operaciones en la forma que los mismos requieren, las que son mismas procesadas y luego archivadas en forma automática, sin necesidad de otro proceso.

Esas operaciones procesadas y archivadas pueden ser requeridas en cualquier momento (retroalimentación) para obtener cualquier tipo de información, tanto en pantalla como impresa; en este último caso se emplea dicha impresión para su copiado en libros rubricados cumpliendo así con las disposiciones legales respecto de los libros obligatorios.

No obstante, este procedimiento de copiado también suele adoptarse para los libros o registros no obligatorios, dado que ello posibilita mantener un archivo paralelo de datos en forma impresa y de consulta permanente.

EL LIBRO DE INVENTARIOS Y BALANCES

Este libro tiene por objeto llevar una descripción exacta de todos los bienes, valores, créditos, etc., que forman parte del patrimonio de un comerciante o empresa al tiempo de iniciar sus actividades para luego, asentar en el mismo mes de cada año, registrar el balance general de sus operaciones, inscribiendo una descripción contable demostrativa de las ganancias y pérdidas habidas en el período transcurrido, sin omitir detalles.

Esa característica que presenta este registro ha asimilado su denominación a las operaciones previas que deben realizarse con motivo de la elaboración del balance general de fin de ejercicio entre las que se encuentra el recuento físico de todos los bienes (materiales e imperiales) y deudas que conforman el patrimonio de una empresa.

Es uno de los dos libros establecidos como obligatorios para todo comerciante o empresa, pues son los que hacen fe de las operaciones registradas en los mismos en casos de controversia con terceros.

LIBROS AUXILIARES

Sin perjuicio de llevar obligatoriamente los libros Diario e Inventario y Balances, nuestro Código de Comercio prevé en forma general sobre otros que se impongan por la importancia y naturaleza de las actividades comerciales, los que comúnmente reciben el nombre de libros auxiliares.

La utilización de libros auxiliares surge como necesidad de:

- Descentralizar y separar del libro Diario el registro de operaciones comerciales que responden a una misma naturaleza y, por lo tanto, se repiten con cierta frecuencia (Subdiarios).

- Registrar documentos comerciales que, por su importancia en toda negociación, pueden constituir elementos de prueba en caso de intervención judicial (copiadores de cartas, contratos, etc.).

Es preciso destacar que, cuando los libros auxiliares complementan las anotaciones efectuadas en los libros obligatorios, a los efectos de brindar un mayor análisis y un más amplio detalle de ellas, deberán ser llevados cumpliendo con todas las formalidades legales (rubricados); en tal caso, también evitan el registro detallado de dichas operaciones en el libro Diario, por lo que reciben el nombre de Subdiarios.

SUBDIARIOS

Cuando el volumen de las operaciones de una empresa es reducido, se suele utilizar el mismo libro Diarios para realizar las anotaciones diariamente, pero cuando el número de operaciones es considerable, es necesario apelar a la utilización de Subdiarios, sobre todo para el registro de operaciones básicas de carácter repetitivo (tal el caso de cobranzas, pagos, ventas, compras, etc.), cuyo resumen es periódicamente volcado al Diario mediante asientos globales.

En realidad, los subdiarios complementan las operaciones del libro Diario y tienen por objeto el registro de operaciones de una misma naturaleza que se repiten con frecuencia durante la actividad de la empresa, siendo los más comunes:

- El subdiario de Ventas
- El subdiario de Compras
- El subdiario de Caja

Sin embargo, en determinadas actividades empresarias, independientemente de estos subdiarios, se impone la necesidad de otros tipos de registros que se adapten a su actividad específica, como las que corresponden a bancos, compañías de seguros, empresas agropecuarias, comisionistas, etc.

No obstante, pasaremos a estudiar en particular los anteriores nombrados por ser los de utilización de mayor aplicación.

Subdiario de ventas

Este subdiario tiene por fin registrar todas las operaciones de venta que efectúe el comerciante, y su fuente de registro lo constituyen las facturas de venta.

Teniendo en cuenta que su misión consiste en brindar un mayor análisis de las operaciones que en él se registran, se acostumbra clasificar las ventas en distintos conceptos que identifiquen el tipo de venta, línea de productos, zonas de venta, etc.

La suma de las columnas de los análisis que se efectúen deben concordar con la columna del total facturado en el período que se considere.

Veamos a continuación un modelo de cabezal del subdiario a emplear:

			Facturado	Clasificación			
Fecha	*Clientes*	*Factura Nro.*	*Importe*	*Productos elaborados*	*Productos de reventa*	*Productos especiales*	*Varios*

Las sumas totales de las operaciones registradas en dicho subdiario se vuelcan resumidas al libro Diario al final de cada período mensual, de acuerdo con el siguiente asiento cuyos importes serán los que surjan de sumar de las distintas columnas de dicho subdiario.

DEUDORES **a VENTA PROD. ELABORADOS** **a VENTA PROD. REVENTA** **a VENTA PROD. ESPECIALES** Asiento que se formula para contabilizar el resumen de las operaciones registradas en el Subdiario de Ventas durante el mes de la fecha.		

El registro de las ventas a través de un libro especial destinado a tal fin tiene por objeto la anotación de las facturas que se emitan como así también el asiento de notas de débito o crédito que rectifiquen las cantidades o valores contenidos en aquéllas.

En este caso las notas de débito llevan consigo valores que incrementan los valores facturados, o sea, dicho en términos contables, constituyen débitos a la cuenta del cliente (tanto la factura como la nota de débito); en cambio, las notas de crédito representan valores que deben ser deducidos de las facturas correspondientes pues disminuyen el valor de éstas últimas, siendo anotadas en rojo.

De ese subdiario se extraerán los datos que ingresarán en el DEBE del MAYOR AUXILIAR DE CLIENTES, como se ilustra en el siguiente esquema:

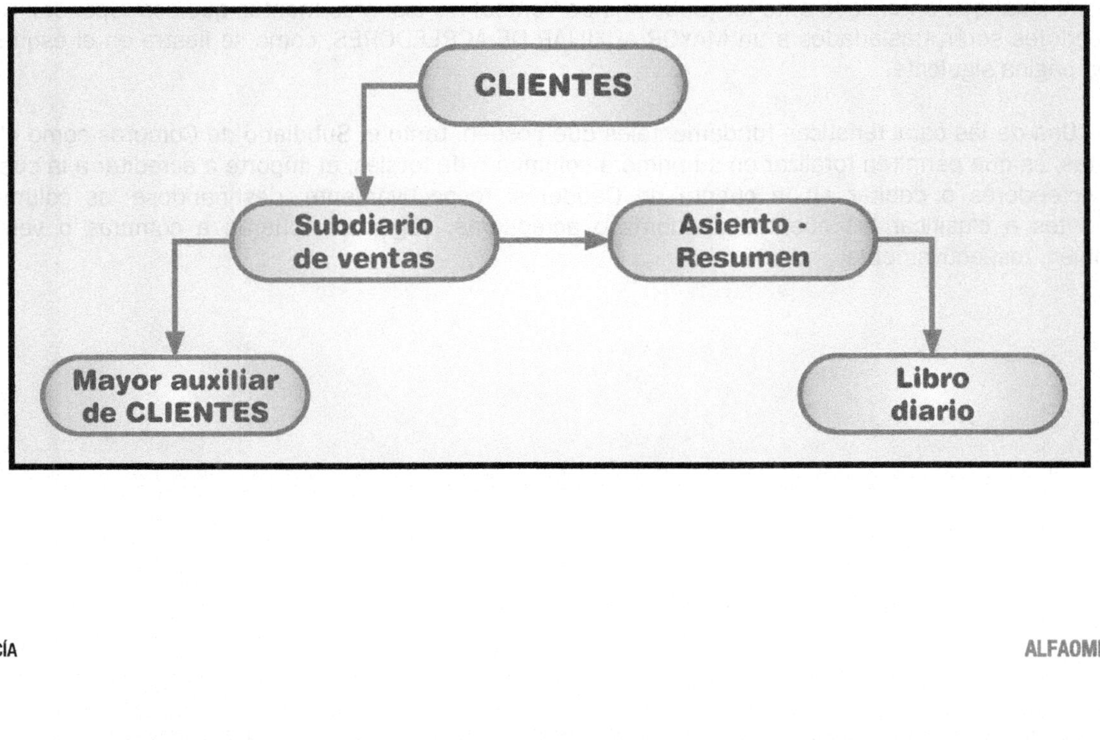

Subdiario de compras

Este subdiario difiere del anterior en que se destina a registrar todas las operaciones de compra a través de la documentación emitida por los respectivos proveedores, debidamente controlada.

Un modelo de cabezal del subdiario a emplear podría ser el siguiente:

			Facturado	Clasificación			
Fecha	*Proveedores*	*Factura Nro.*	*Importe*	*Materias primas*	*Envases*	*Materiales varios*	*Varios*

En este caso la columna de total se refiere al monto de las adquisiciones efectuadas, utilizando las columnas de clasificación para los elementos o cosas adquiridas (la última de ellas para los conceptos de menor movimiento).

La suma mensual que arrojen dichas columnas serán las asignadas en el asiento, también mensual, que sea transcripto al Libro Diario, sirviendo el siguiente de ejemplo:

MATERIAS PRIMAS **ENVASES** **MATERIALES VARIOS** **MUEBLES Y ÚTILES** **PAPELERÍA E IMPRESOS** **a ACREEDORES** Asiento que se formula para contabilizar el resumen de las operaciones registradas en el Subdiario de Compras durante el mes de la fecha.		

Al igual que en el caso anterior (Subdiario de Ventas) los distintos montos que correspondan a los acreedores serán trasladados a un MAYOR AUXILIAR DE ACREEDORES, como se ilustra en el esquema de la página siguiente.

Una de las características fundamentales que poseen, tanto el Subdiario de Compras como el de Ventas, es que permiten totalizar en su primera columna o de totales, el importe a acreditar a la cuenta de Acreedores o debitar en la cuenta de Deudores, respectivamente, destinándose las columnas restantes a clasificar las cuentas deudoras o acreedoras, según se refieran a compras o ventas, también, respectivamente.

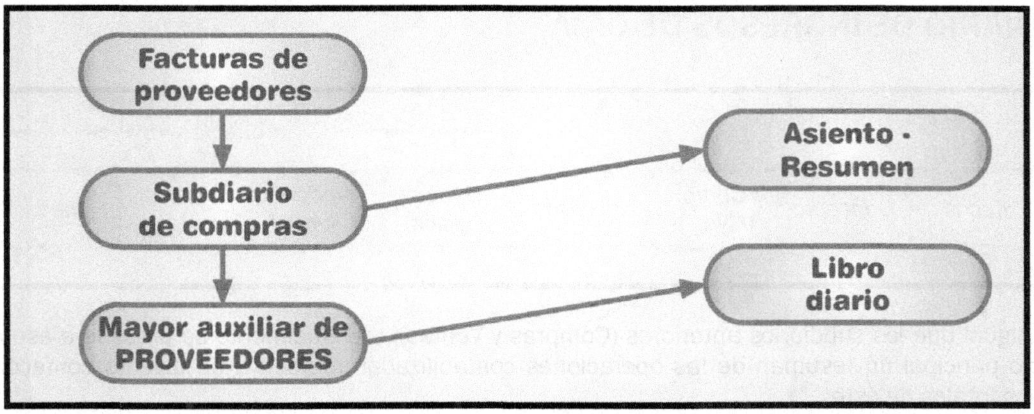

Al referirnos a los subdiarios de compras y de ventas debemos destacar que, si bien el uso y rayado de los mismos debe responder a las necesidades de cada empresa en particular, al establecerse el impuesto al valor agregado se obligó a sus responsables que dichos subdiarios contaran con un rayado especial con los datos exigidos por la autoridad impositiva.

Subdiario de Caja

Este libro, por la importancia de las operaciones que en él se registran, ha merecido una distinción especial por nuestro Código de Comercio al decir en su artículo 46, que "si el comerciante lleva libro de Caja, no es necesario que asiente en el Diario los pagos que hace o recibe en dinero efectivo. En tal caso, el libro de Caja se considera parte integrante del Diario".

Ello no hace sino confirmar el principio que hemos impuesto respecto de aquellos libros auxiliares que tienen por fin el registro de operaciones de una misma naturaleza y que se repiten con cierta frecuencia.

En este sentido nuestro Código de Comercio no ha hecho otra cosa que reafirmar la necesidad de descentralizar del libro Diario operaciones tan comunes como los pagos y cobros y que son de tanta habitualidad en todo comercio o industria.

La práctica ha aconsejado, en el caso del libro Caja, que éste sea llevado en forma similar a los Subdiarios de Compras y Ventas o sea con una serie de columnas que permitan efectuar la clasificación de los ingresos y egresos.

Su rayado es similar a dichos subdiarios cuyos cabezales hemos visto en oportunidad del estudio de los mismos.

En esta forma de llevar el subdiario de Caja los conceptos de las distintas cuentas se llevan columnados, lo cual facilita considerablemente la tarea de resumen mensual, pero utilizando para tal efecto dos subdiarios: uno para los ingresos y otro para los egresos.

Veamos a continuación los modelos de cabezal de dichos subdiarios:

SUBDIARIO DE INGRESOS DE CAJA

				Clasificación			
Fecha	*Concepto*	*Comp. Nro.*	*Ingresos*	*Banco Nación*	*Deudores Clientes*	*Ventas contado*	*Varios*

Al igual que los subdiarios anteriores (Compras y Ventas), mensualmente se procede a asentar en el Diario principal un resumen de las operaciones contabilizadas merced a un asiento confeccionado sobre los totales de éste:

CAJA **a VENTAS** **a DEUDORES** **a DOCUMENTOS A COBRAR** **a BANCO NACIÓN** Para contabilizar los ingresos de Caja del mes de la fecha según registraciones en el Subdiario respectivo.		

En igual forma que para los ingresos de Caja se suele llevar un subdiario para los egresos, con el siguiente diseño:

SUBDIARIO DE EGRESOS DE CAJA

				Clasificación			
Fecha	*Concepto*	*Comp. Nro.*	*Egresos*	*Banco Nación*	*Acreedores*	*Inversiones*	*Varios*

Y, también, mensualmente se procede a asentar en el Diario principal un resumen de sus operaciones mediante un asiento que resume los totales de las distintas columnas, redactado de la siguiente manera:

BANCO NACIÓN **ACREEDORES** **MUEBLES Y ÚTILES** **INSTALACIONES** **GASTOS GENERALES** **a CAJA** Para contabilizar los egresos de Caja del mes de la fecha según registraciones en el Subdiario respectivo.		

LIBROS COPIADORES

En la práctica, se ha impuesto también el uso de libros encuadernados y foliados cuya finalidad es llevar una copia fiel de los documentos que emite el comerciante, los que se acostumbra rubricar, si bien no existe una obligación legal de hacerlo; el cumplimiento de tal formalidad tiene por objeto respaldar las anotaciones realizadas en los libros obligatorios brindando una mayor información que permite evitar situaciones de duda o incertidumbre sobre todo en el caso de acciones judiciales y de verificaciones impositivas.

Estos libros auxiliares, bien llamados copiadores, son fabricados especialmente para tal fin y tienen la particularidad de estar formados por páginas de papel de seda o un papel especial de copia, perfectamente numerados o foliados.

Esta forma de confección de ambos libros facilita la reproducción del documento que se desea copiar, en forma directa, mediante presión del mismo en la hoja del copiador; para ello es necesario que el documento a copiar se encuentre impreso totalmente en tinta o cinta copiativa para facilitar su impresión.

A efectos de una mejor localización de los documentos copiados, estos libros copiadores tienen un índice que se encuentra al comienzo de dicho libro y en el cual se acostumbra llevar nota de aquéllos.

Los usos más frecuentes de estos libros son para copiar:

- Facturas a clientes
- Notas de crédito y notas de débito
- Cartas
- Existencias

La facilidad en el manejo de esta documentación impresa ha permitido su utilización como libros obligatorios siempre que encuentren rubricados y su extensión al Libro Diario e Inventarios cuya documentación se registra en igual forma.

La introducción de los procesos computadorizados produce impresos que debidamente copiados en dichos libros copiadores cubren perfectamente la exigencia legal de aquellos registros obligatorios.

EJERCICIO DE AUTOEVALUACIÓN

Cada una de las siguientes columnas representan los siguientes subdiarios.

¿En cuál de ellos registraría la operación que se indica en cada caso?

1) Subdiario de compras a plazo
2) Subdiario de caja egresos
3) Subdiario de ventas a plazo
4) Diario general
5) Subdiario de caja ingresos
6)

Operación	1	2	3	4	5
Una operación de COMPRA A PLAZO					
Una operación de COBRO EN EFECTIVO DE UNA VENTA A PLAZO					
Una operación de ANULACIÓN DE UN COBRO					
Una NOTA DE DÉBITO RECIBIDA DE UN PROVEEDOR					
La EMISIÓN DE UN CHEQUE PARA RETIRO DE FONDOS					
Los DESCUENTOS CONCEDIDOS POR UN COBRO					
Una operación de VENTA A PLAZO					
El PAGO DE GASTOS EN DINERO EN EFECTIVO					
La COBRANZA EN DINERO EFECTIVO DE UN PAGARÉ					
Una NOTA DE CRÉDITO RECIBIDA DE UN PROVEEDOR					
El PAGO CON CHEQUE DE TERCEROS					
La SALIDA DE LA MERCADERÍA VENDIDA					
La DEVOLUCIÓN DE MERCADERÍAS COM-PRADAS					
Los DESCUENTOS OBTENIDOS EN UN PAGO					
El PAGO EN EFECTIVO DE UN PAGARÉ A SU VENCIMIENTO					
El DEPÓSITO BANCARIO EN EFECTIVO					

Una NOTA DE DÉBITO EMITIDA A UN CLIENTE					
La RECEPCIÓN DE UN CHEQUE DE UN TERCERO					
La DEVOLUCIÓN DE MERCADERÍAS VENDIDAS					

CAPÍTULO 13

Operaciones previas al balance general (Parte primera)

INTRODUCCIÓN

El período que abarcan las operaciones cuyo resultado se desea conocer y que afectan al estado patrimonial se denomina ejercicio contable que, en la práctica, su duración se acostumbra limitarla a un lapso de doce meses consecutivos, o sea un año.

No obstante, el fin de dicho período define la fecha exacta hasta la cual se consideran todas las operaciones susceptibles de consideración para determinar su incidencia favorable o desfavorable en la marcha de los negocios.

Dicho término permite no dilatar por un tiempo mayor la necesidad de contar con una información básica acerca del desenvolvimiento de los negocios, presentando la ventaja de determinar una unidad de tiempo o de duración que asegura un análisis comparativo de varios ejercicios económicos entre sí.

Entre los principios generalmente aceptados en Contabilidad se encuentra aquel referido al ejercicio que dice:

En las empresas de vida ilimitada es necesario medir el resultado de la gestión de tiempo en tiempo, ya sea para satisfacer razones de administración, legales, fiscales o para cumplir con compromisos financieros, etc.

Es una condición esencial que los ejercicios sean iguales para que los resultados de dos o más ejercicios sean comparables entre sí; por ello, cuando los ejercicios no tienen igual duración debe revelarse claramente este hecho en los estados contables a los efectos de una comparación justa.

DISPOSICIONES LEGALES

Nuestro Código de Comercio ha establecido que todos los estados contables que se obtengan deben expresar, con veracidad y exactitud compatibles con su finalidad, la situación financiera de la empresa a la fecha que se realicen.

Agrega asimismo que, salvo el caso de normas legales o reglamentarias que dispongan lo contrario, las distintas partidas contenidas en los mismos se formarán tomando como base las cuentas abiertas y de acuerdo con criterios de valoración uniformes.

Respecto de los comerciantes al por menor, se ha considerado la obligación de realizar su balance general por lo menos cada tres años; por excepción, se estima que los restantes comerciantes y/o fabricantes deberán hacerlo anualmente.

No obstante, en la práctica resulta de indudable importancia las ventajas de la realización anual de esos estados contables y, en el caso de grandes empresas, incluso por períodos menores (trimestrales, mensuales).

Pero, sin duda alguna, para elaborar dichos estados contables, es necesario realizar una serie de operaciones previas con el fin que ellos sean representativos no solo de las operaciones realizadas durante el período que llamamos ejercicio, sino también que los datos que surjan de los mismos se adecuen a la realidad.

El presente capítulo se encuentra destinada a ese primer propósito y las siguientes a ajustar las cifras contabilizadas en tal forma que los estados resultantes reflejen el estado patrimonial de la empresa y los resultados reales habidos.

EL BALANCE DE COMPROBACIÓN DE SUMAS Y SALDOS

Concepto

Establecida la fecha fijada como término del ejercicio económico, coincidente con aquella en la que ha de efectuarse el balance general en una empresa, se concluye el registro de las operaciones realizadas hasta esa fecha, tanto en los libros principales como en los auxiliares.

Como una primera medida es necesario verificar que la información producida por las distintas cuentas de la contabilidad, a través de sus respectivos saldos, resulten de las registraciones realizadas, es decir que los valores asignados sean correctos, como asimismo el cálculo de sus saldos y las cuentas utilizadas representen los conceptos que correspondan a las mismas.

Para ello será necesario, en primer término, conocer el estado de todas las cuentas utilizadas en el registro de las operaciones de la empresa, mediante la confección del llamado Balance de Comprobación de Sumas y Saldos, que será realizado a la fecha fijada como cierre del ejercicio.

Presentación

El Balance de Comprobación de Sumas y Saldos nos brinda, a través de los saldos de las distintas cuentas que contiene, una información parcializada de los diferentes aspectos de la situación de una determinada empresa, en función de los registros realizados.

En efecto, se encuentran incluidas en dicho estado todas las cuentas que forman el Mayor de Cuentas, tanto aquellas representativas de diversos aspectos que forman el patrimonio (patrimoniales) como las que se refieren a determinados conceptos que significan pérdidas y/o ganancias (de resultado).

Como puede observarse en el Modelo de Balance de Comprobación de Sumas y Saldos que transcribimos en la siguiente página, no es otra cosa que un estado en el cual se resumen las informaciones del Mayor de Cuentas.

Como observamos a continuación consta de cinco columnas destinadas respectivamente a la nómina de las cuentas abiertas en el Mayor de Cuentas, las sumas de sus débitos y de sus créditos (las dos siguientes) y los saldos deudores y/o acreedores (las dos últimas) que arrojen cada una de ellas.

MODELO DE BALANCE DE COMPROBACIÓN DE SUMAS Y SALDOS				
CUENTAS	SUMAS		SALDOS	
	Debe	Haber	Deudores	Acreedores
Deudores	3.170.000	2.510.000	660.000	–

Ventas	--	3.862.000	--	3.862.000
Costo de Ventas	1.600.000	--	1.600.000	--
Mercaderías	3.800.000	1.600.000	2.200.000	--
Impuestos	70.000	--	70.000	--
Caja	2.700.000	2.500.000	200.000	--
Acreedores	1.600.000	3.250.000	--	1.650.000
Banco Nación	2.400.000	1.800.000	600.000	--
Obligaciones a Pagar	600.000	2.800.000	--	2.200.000
Documentos a Cobrar	1.500.000	300.000	1.200.000	--
Acarreos	60.000	--	50.000	--
Sueldos	160.000	--	160.000	--
Luz y teléfono	35.000	--	35.000	--
Capital	--	100.000	--	100.000
Gastos generales	10.000	--	10.000	--
Alquileres	70.000	--	70.000	--
Muebles y útiles	200.000	--	200.000	--
Instalaciones	80.000	--	80.000	--
Impresos y útiles	40.000	--	40.000	--
Rodados	1.500.000	--	1.500.000	--
Descuentos ganados	--	25.000	--	25.000
Intereses ganados	--	30.000	--	30.000
Descuentos otorgados	12.000	--	12.000	--
Intereses perdidos	80.000	--	80.000	--
Totales	**19.677.000**	**19.677.000**	**8.767.000**	**8.767.000**

El Balance de Comprobación de Sumas y Saldos, presenta las siguientes ventajas:

- Verificar si los totales de los débitos y de los créditos concuerdan entre sí y, a su vez, si dichos totales son iguales a la suma del DEBE y del HABER del libro DIARIO (que corresponde a la suma de todos los asientos realizados en el período a que se refiere dicho balance.
- Verificar si los saldos de cada una de las cuentas han sido correctamente realizados mediante el cálculo de la diferencia entre sus respectivos débitos y créditos. Ello quedará demostrado si los totales de los saldos deudores y acreedores concuerdan entre sí.

Por lo tanto, el Balance de Comprobación de Sumas y Saldos es la verificación del principio fundamental de la Partida Doble que dice que LA SUMA DE LOS DÉBITOS DEBE SER IGUAL A LA SUMA DE LOS CRÉDITOS, manteniendo así el equilibrio de la igualdad patrimonial a que nos hemos referido en un anterior capítulo de esta obra.

En consecuencia, las sumas de ambos pares de columnas deben ser iguales, o sea:

- La suma de los débitos y de los créditos serán iguales entre sí, y, a su vez, dichos totales deben coincidir con los del libro Diario.
- La suma de los saldos deudores y acreedores serán iguales entre sí.

Diferencias

Con motivo de la incorporación de los nuevos instrumentos que ha aportado la tecnología para el registro y clasificación de las operaciones de la empresa, la confección del Balance de Comprobación de Sumas y Saldos como la corrección de las diferencias que resulten por cálculos numéricos se realiza en forma automática sin necesidad de verificaciones manuales.

No obstante, pueden presentarse, en la práctica, diferencias que son observadas, precisamente, al confeccionar un Balance de Comprobación de Sumas y Saldos; entre algunas de las causas que pueden producir esas diferencias, se encuentran las siguientes:

Omisión de pasar al Mayor (un asiento registrado en el Diario)

Omisión de pasar al Mayor (algún débito o crédito de un asiento registrado en el Diario)

Pasar al Mayor un asiento (un débito o un crédito por una cifra distinta de la registrada en el Diario)

Pasar al Mayor un débito o un crédito (registrado en el Diario como un crédito o débito, respectivamente)

Error en la suma (en los débitos o créditos de las cuentas del Mayor)

Error de pase (del Mayor al confeccionar el Balance de Comprobación de Sumas y Saldos)

Sin embargo, la anterior enumeración de diferencias es simplemente enunciativa, pudiendo existir otras causas que no se encuentren detalladas anteriormente, pero surgen, en todos los casos, de la verificación de las sumas y saldos del Balan- ce con las correspondientes al libro Diario y mediante la revisión de los cálculos realizados al determinar los saldos de cada una de las cuentas.

Por ello, cuando tales diferencias no puedan ser determinadas en esa forma, es necesario a una verificación integral de los traslados efectuados del libro Diario al libro Mayor (Punteo de libros), revisando nuevamente cada uno de los asientos y pases realizados.

Diferencias en la suma de los saldos del Balance de Comprobación

No obstante, si tomamos los saldos que surgen del Balance de Comprobación de Sumas y Saldos y agrupamos sus cuentas Patrimoniales y de Resultados, observaremos que la suma de los mismos en forma separada no concuerdan entre sí, como podemos observar en los siguientes cuadros:

BALANCE DE SALDOS AGRUPADOS		
CUENTAS	**SALDOS**	
	Deudores	**Acreedores**
CUENTAS PATRIMONIALES		
ACTIVO		
Caja	200.000	
Banco Nación	600.000	
Deudores	660.000	
Documentos a cobrar	1.200.000	
Mercaderías	2.200.000	
Muebles y útiles	200.000	
Instalaciones	80.000	
Rodados	1.500.000	
PASIVO		
Acreedores		1650.000
Obligaciones a pagar		2.200.000
Capital		1.000.000
Totales	6.640.000	4.850.000
CUENTAS DE RESULTADO		
GANANCIAS		
Ventas		3.862.000
Descuentos obtenidos		25.000
Intereses ganados		30.000
PÉRDIDAS		
Costo de ventas	1.600.000	
Impuestos	70.000	
Acarreos	60.000	
Sueldos	160.000	
Luz y teléfono	35.000	
Gastos generales	10.000	
Alquileres	70.000	
Impresos y útiles	40.000	
Descuentos otorgados	12.000	
Intereses perdidos	80.000	
Totales	**2.127.000**	**3.917.000**

Ello es debido que las diferencias que se observan representan similares importes, aunque de carácter contrario, que no son otra cosa que el resultado que arrojará el balance final que, en el caso del ejemplo anterior, ha arrojado ganancia como surge del siguiente cuadro:

RESUMEN DE LOS ESTADOS PATRIMONIALES Y DE RESULTADOS				
CUENTAS	SUMAS		SALDOS	
	Debe	Haber	Deudores	Acreedores
Patrimoniales	6.640.000	4.850.000	1.790.000	--
De Resultados	2.127.000	3.917.000	--	1.790.000
Totales	8.767.000	8.767.000	1.790.000	1.790.000

En el cual observamos que:

- La suma de los saldos del Activo es Mayor a la del Pasivo en la cantidad de $1.790.000.
- La suma de los saldos de las cuentas de Ganancias es superior a la de Pérdidas en la cantidad de $ 1.790.000.

En caso que se hubiera presentado una pérdida la diferencia de las sumas de los saldos de dicho Balance de Comprobación hubieran sido inversas, pero también por importes similares, o sea que:

- Las sumas de los saldos de las cuentas de Pasivo serían mayores a las del Activo.
- Las sumas de los saldos de las cuentas de Pérdidas serían superiores a las de Ganancias.

EJERCICIOS DE AUTOEVALUACIÓN

Si su respuesta es correcta las columnas de ACTIVO + PÉRDIDAS serán iguales a las de PASIVO + GANANCIAS.

1) La suma de los saldos de las cuentas del BALANCE de COMPROBACION arrojan los siguientes valores: ACTIVO $ 200.000, PASIVO $ 350.000 y PÉRDIDAS $ 180.000 ¿Cuál es el monto que debe arrojar la columna de GANANCIAS? En tal caso ¿cuál ha sido el resultado?:

ACTIVO	PASIVO	PÉRDIDAS	GANANCIAS

2) Si los saldos de las CUENTAS del BALANCE de COMPROBACIÓN son de ACTIVO $ 500.000, de PASIVO $ 400.000 y de GANANCIAS $ 200.000 ¿Cuál es el monto que debe arrojar la columna de PÉRDIDAS? En tal caso ¿cuál ha sido el resultado?:

ACTIVO	PASIVO	PÉRDIDAS	GANANCIAS

3) La SUMA de los saldos de las cuentas del BALANCE DE COMPROBACION son de PÉRDIDAS $ 300.000 de PASIVO $ 500.000 y de GANANCIAS $ 150.000 ¿Cuál es el monto que debe arrojar la columna de ACTIVO? En tal caso ¿cuál ha sido el resultado?:

ACTIVO	PASIVO	PÉRDIDAS	GANANCIAS

4) La SUMA de los saldos de las cuentas del BALANCE DE COMPROBACION son: Cuentas de ACTIVO $ 300.000 de PÉRDIDAS $ 200.000 y de GANANCIAS $ 150.000 ¿Cuál es el monto que debe arrojar la columna de PASIVO? En tal caso ¿cuál ha sido el resultado?:

ACTIVO	PASIVO	PÉRDIDAS	GANANCIAS

5) La SUMA de los saldos de las cuentas del BALANCE DE COMPROBACION son: Cuentas de ACTIVO $ 500.000 de PASIVO $ 300.000 y de GANANCIAS $ 200.000 ¿Cuál es el monto que debería arrojar la columna PÉRDIDAS? En tal caso ¿cuál ha sido el resultado?:

ACTIVO	PASIVO	PÉRDIDAS	GANANCIAS

6) La SUMA de los saldos de las cuentas del BALANCE DE COMPROBACION son: Cuentas de ACTIVO $ 300.000 de PASIVO $ 500.000 y de PÉRDIDAS $ 150.000 ¿Cuál es el monto que debería arrojar la columna de GANANCIAS? En tal caso ¿cuál ha sido el resultado?:

ACTIVO	PASIVO	PÉRDIDAS	GANANCIAS

7) La SUMA de los saldos de las cuentas del BALANCE DE COMPROBACION son: Cuentas de PÉRDIDAS $ 300.000 de PASIVO $ 500.000 y de GANANCIAS $ 150.000 ¿Cuál es el monto que debería arrojar la columna de ACTIVO? En tal caso ¿cuál ha sido el resultado?:

ACTIVO	PASIVO	PÉRDIDAS	GANANCIAS

CAPÍTULO 14

Operaciones previas al balance general (Parte segunda)

INTRODUCCIÓN

Hemos visto anteriormente que al concluir todas las operaciones de la empresa al fin de un ejercicio económico verificamos que las sumas de todas las cuentas responden con exactitud a las registraciones correspondientes y los cálculos de los saldos correspondientes han sido correctamente efectuados, a cuyo fin hemos elaborado el Balance de Comprobación de Sumas y Saldos que nos ha permitido corregir cualquier error habido.

Ahora debemos controlar si los saldos de las cuentas concuerdan con la realidad, es decir si representan realmente las cantidades y valores existentes a la fecha de cierre del ejercicio, a efectos que los estados contables que elaboremos posteriormente representen la verdadera situación patrimonial de la empresa y se conozcan los reales resultados habidos en el período que finaliza.

Sin duda alguna que, también de dicha verificación, han de surgir diferencias que es necesario evaluar si ellas han surgido de errores producidos en la registración o en la afectación a cuentas que no corresponden o que sean debidas a su falta de representación respecto de la realidad, en cuyo caso corresponderá la realización de ajustes que permitan adecuarlas a ella, los que dependerán de las características especiales de cada caso.

Esos ajustes, generalmente, deberán ser llevados a cabo por medio de registraciones complementarias que afectaran las cuentas que correspondan, a fin que los nuevos saldos resultantes sean representativos de los conceptos que ellas representan.

Por ello, nos hemos de referir a continuación acerca de aquellos rubros o conceptos en los cuales, generalmente, suele presentarse la necesidad de ese tipo de ajustes.

TIPOS DE AJUSTES

Las operaciones de ajustes de cuentas a los fines antes mencionados, son también previas a la elaboración de cualquier estado contable que se desee elaborar al fin de un ejercicio económico, presentando diversos aspectos de acuerdo al concepto que se trate, entre las cuales se encuentran:

1. Respecto de los bienes

Caja (arqueo de valores)

Bancos (conciliación de sus saldos)

Bienes de Uso (recuento físico y actualización de su valor por el desgaste sufrido)

Bienes de Cambio (recuento de unidades existentes y valores asignados)

2. Respecto de los créditos

Deudores (conciliación de saldos y antigüedad de los mismos)

Documentos a Cobrar (tenedor de los mismos, descontados y/o endosados y control de fechas de vencimiento).

Grado de cobrabilidad de ambos

3. Respecto de las deudas

Acreedores (conciliación de saldos y antigüedad de los mismos)

Pagarés emitidos (tenedor o endosante, beneficiario de los mismos y fechas de vencimiento)

4. Respecto de los ingresos y gastos

Control de gastos (anticipados y diferidos)

Control de ingresos (anticipados y diferidos)

Teniendo en cuenta las distintas características que presentan cada uno de los ajustes mencionados de acuerdo con el rubro o concepto que corresponden, dedicaremos el presente capítulo y los dos siguientes a tratar separadamente cada uno de ellos.

ADECUACIÓN DE LAS CUENTAS A LA REALIDAD ECONÓMICA

Las cuentas, según lo hemos señalado, tienen por objeto agrupar bajo denominaciones genéricas conceptos de naturaleza económica similar con el fin de poseer una información de carácter general acerca de los mismos.

Por lo tanto, los saldos de las cuentas deben concordar con las cantidades y valores que ellas representan, de manera tal que los estados contables que incluyan dichas cuentas no surgidas solo del registro de las operaciones realizadas por la empresa, sino también que expresen una situación que responda a la realidad económica.

Por lo tanto, al producirse una información a través de un estado contable que agrupe todas las cuentas es necesario verificar sus saldos con la realidad que ellos representan; pues, en caso contrario, deberá procederse a ajustar los mismos a esa realidad mediante registros complementarios destinados a lograr dicha coincidencia.

El conjunto de las operaciones a que nos hemos referido es de la mayor importancia, para que los saldos de las cuentas de la empresa coincidan con la existencia real de todos sus bienes y deudas, a efectos que el resultado que se obtenga sea el verdadero habido en el ejercicio económico y se demuestre con la debida certeza la situación patrimonial, económica y financiera de la empresa.

Esta operación previa al cierre de cualquier estado contable de fin de un ejercicio económico, se conoce comúnmente con el nombre de Inventario y presenta diversos aspectos entre los cuales se encuentran, entre otros, los siguientes:

- El recuento físico de los valores de bienes de uso y el estado de utilización de los mismos en razón de su antigüedad o del uso dado a los mismos para determinar su valor real.
- El recuento físico de los bienes de cambio y el valor asignado a los mismos frente a las posibilidades de su realización.
- La determinación exacta de la existencia de créditos cobrables de clientes y de deudas a pagar a proveedores, sobre la base del análisis de las operaciones realizadas y de la documentación correspondiente.
- La verificación de la existencia de gastos realizados pendientes de cobro.

- La existencia de gastos realizados que no correspondan al ejercicio que se considera.

Pasaremos entonces a analizar cada uno de los rubros por separado y analizar los ajustes a practicar para adecuarlos a la realidad.

DISPONIBILIDADES

Una de las operaciones más frecuentes en toda empresa es aquella relacionada con el movimiento del dinero, o sea ingresos y pagos en dinero en efectivo y/o cheques; es, asimismo, una de las operaciones que más se presta a robos o fraudes por lo cual es necesario mantener un control adecuado sobre dichos movimientos.

Por ello, en cuanto el dinero en efectivo resulta conveniente la realización de recuentos periódicos (arqueos) de manera tal que los ingresos y los gastos puedan ser controlados debidamente.

Y, respecto del movimiento de cheques, o sea tanto para los emitidos por la empresa como así también para los recibidos de terceros que son depositados en su cuenta corriente, existe la práctica de realizar periódicas conciliaciones de cuentas con la institución bancaria en la que tiene abierta una cuenta corriente la empresa, lo cual exige un rígido control que abarca también al dinero en efectivo que sea depositado o extraído de la misma.

De allí la importancia en tener en cuenta algunas circunstancias que deben ser evaluadas en materia de Disponibilidades (rubro en el cual se registran dichos movimientos) en oportunidad de la realización del balance final, en razón de algunos aspectos que inciden en el resultado del mismo y que se refieren, en particular a las diferencias que pueden presentarse en los saldos que arrojen las cuentas representativas de las mismas y la realidad.

Arqueo de caja y valores

El recuento físico de fondos y valores, se conoce comúnmente con el nombre de arqueo, y abarca el dinero en efectivo, los cheques recibidos que no hubieran sido depositados y todo otro concepto similar.

Dicho arqueo puede dar como resultado que su existencia:

- Concuerde con el saldo de la cuenta representativa de esos fondos y valores.
- Sea mayor que dicho saldo.
- Sea menor que dicho saldo.

Cuando los saldos de las distintas cuentas (Caja, Fondo Fijo) coinciden con los valores arqueados, puede decirse que las registraciones contables concuerdan con la realidad y no es necesario realizar ajuste alguno.

En el caso de que los valores existentes según el arqueo efectuado sean mayores que los saldos deudores de las respectivas cuentas, los valores en exceso de dichos saldos constituirán una utilidad, que no se encuentra registrada en los libros y, en el caso de faltante se habrá producido una pérdida que, en ambos casos deberán registrarse (utilidad o pérdida) en una cuenta de resultado que las represente como podría ser Diferencias de Caja.

Ejemplo:

Al cierre del ejercicio se practica un recuento del dinero en efectivo y valores en Caja el cual arroja los siguientes montos:

Dinero en efectivo	$ 6.000
Cheques de terceros	$ 1.500
	$ 7.500

Dado que el saldo deudor de la cuenta CAJA a dicha fecha asciende a la suma de $ 7.300 existe un faltante de caja de $ 200, que debe ajustarse con un asiento como el siguiente:

DIFERENCIA DE CAJA	**200**	
a CAJA		**200**
Por la diferencia existente en el arqueo realizado en la fecha.		

La situación inversa, resultante de un defecto del arqueo practicado respecto del saldo deudor de la cuenta correspondiente, configurará una pérdida.

Ejemplo:

Supongamos que el arqueo a que se refiere el ejemplo anterior hubiera dado un monto existente de $ 7.000 en dinero efectivo y valores siendo igual saldo en la cuenta Caja ($ 7.300), por lo cual la diferencia existente en el arqueo hubiera arrojado un excedente de $ 300.

CAJA	**300**	
a DIFERENCIA DE CAJA		**300**
Por la diferencia existente en el arqueo realizado en la fecha.		

En los ejemplos anteriores la cuenta DIFERENCIAS DE CAJA representa un concepto de ganancias o pérdidas y, por lo tanto, es una cuenta de resultados cuyo débito significará una pérdida y su crédito una ganancia.

Conciliación bancaria

Muy difícilmente el saldo de la cuenta BANCOS concuerde al cierre de un ejercicio con el saldo del extracto o resumen bancario expedido por la institución bancaria.

Las diferencias entre ambos suelen deberse a alguno de los siguientes factores:

1. Depósitos contabilizados en la Empresa y que no fueron acreditados por el Banco que, generalmente, sucede con las cobranzas del último día del mes o con cheques depositados que no se acreditan en el momento sino deben ser cobrados por compensación bancaria.
2. Cheques emitidos por la Empresa que no fueron presentados al cobro al Banco.
3. Débitos efectuados por el Banco y cuya comunicación a la Empresa no ha llegado al tiempo de efectuar el cotejo de saldos.

4. Cuentas cobradas por el Banco por cuenta del cliente de las cuales no tiene aviso la Empresa.
5. Errores de registro por parte del Banco o de la Empresa.

A los fines de conciliar los saldos de la Empresa con el del Banco se recurre a la llamada, valga la redundancia, conciliación bancaria, que tiene por objeto analizar las diferencias que surgen por los factores antes mencionados y, en el caso de la Empresa, contabilizar aquellos conceptos no registrados o dar aviso al Banco de cualquier error del mismo.

Procedimiento

La conciliación bancaria puede ser realizada utilizando alguno de los siguientes procedimientos:

1. Mediante conciliación directa
2. Mediante conciliación por correcciones.

Veamos en particular los mismos a continuación:

Conciliación directa

En este caso se toma el saldo del extracto bancario y se efectúan las correcciones necesarias hasta llegar al saldo de la cuenta BANCOS partiendo de los registros de la Empresa.

Ejemplo:

La cuenta BANCOS en los registros de la Empresa arroja un saldo de $ 9.240 a fin del mes pasado; en cambio, el saldo del extracto bancario indica un saldo de

$ 11.500. El último día hábil del mes la empresa tuvo un ingreso de $ 1.500 que contabilizó como depósito bancario y fue depositado al día siguiente.

El Banco ha debitado la suma de $ 150 por sellados de libretas de cheques y acreditado una cobranza de un pagaré que se encontraba al cobro por $ 3.000 deduciendo de ésta la suma de $ 30 por gastos.

Comparando los cheques emitidos se observó que no fueron presentados los cheques Nros. 101 por $ 200; 102 por $ 300 y 103 por $ 700. Por otra parte, se descubrió que el cheque Nro. 98 emitido por la suma de $ 90 fue contabilizado en nuestros libros por $ 60. También pudo observarse que un cheque por $ 180 depositado por nosotros fue devuelto por el Banco sin que existiera aviso a la Empresa y que un cheque Nro. 343 por $ 50 emitido por otro cliente del Banco fue debitado en nuestra cuenta corriente.

La conciliación directa a realizar será efectuada de la siguiente manera:

Saldo según resumen bancario... $ 11.500				
Más:	Depósito en tránsito	$ 1.500		
		$ 13.000		
Menos:	Cheques pendientes de pago			
	Nro. 101	$ 200		
	Nro. 102	$ 300		
	Nro. 103	$ 700	**1.200**	**11.800**
Más:	Cheque de otra firma...	$ 50		
	Error de registro ch. Nro. 98	$ 30		

	Cheque devuelto...	$ 180		
	Nota de débito por sellados	$ 150		
	Gastos del pagaré cobrado	$ 30	**440**	**12.240**
Menos:	Pagaré cobrado por el Banco...			**3.000**
	Saldo según libros...			**9.240**

Conciliación por correcciones

Cuando se recurre a este tipo de conciliación se tienen en cuenta dos secciones: una para el Banco y otra para la Empresa. Así en el caso del cheque debitado por el Banco y que corresponde a otra Empresa no es necesario hacer un asiento en la Empresa como también en el caso de los cheques pendientes de pago; y, en el caso de débitos o créditos realizados por el Banco sin aviso a la Empresa es a ésta a quien le corresponde el respectivo registro.

Por ello, este procedimiento permite separar debidamente los ajustes que deben ser contabilizados en cada una de las secciones que comprende.

Ejemplo:

Sobre la base de los datos a que se refiere la conciliación anterior veremos a continuación cómo se procede a efectuar la misma mediante el procedimiento por correcciones.

SECCIÓN DEL BANCO			
Saldo según extracto bancario...			$ 11.500
Más			
	Depósitos en tránsito...	$ 1.500	
	Cheque de otra firma...	$ 50	$ 1.550
			$ 13.050
Menos:	Cheque Nro. 101...	$ 200	
	Cheque Nro. 102...	$ 300	
	Cheque Nro. 103...	$ 700	$ 1.200
Saldo del Banco corregido...			$ 11.850
SECCIÓN DE LA EMPRESA			
Saldo según cuenta BANCOS...		$ 9.240	
Más:			
	Pagaré cobrado por el Banco...	$ 3.000	$ 12.240
Menos:			
	Error de registro cheque Nro. 98...	$ 30	
	Cheque devuelto...	$ 180	
	Nota de débito por sellados...	$ 150	
	Gasto del pagaré cobrado...	$ 30	$ 390
Saldo de la Empresa corregido...			$ 11.850

Registración contable

El segundo de los procedimientos antes estudiados presenta la ventaja que determina con precisión los conceptos que tanto en el Banco como en la Empresa dan dar lugar a registraciones contables para ajustar los saldos entre sí.

Si tenemos en cuenta el ejemplo anterior y observamos la Sección de la Empresa encontraremos en ella todos aquellos elementos que darán lugar a la redacción de asientos contables que regularicen el saldo de la misma y lo concilie con el del Banco.

Asiento 1 - Para regularizar los débitos

ACREEDORES (por error de registro ch/ No. 98)	30	
DEUDORES (por devolución ch/depositado)	180	
GASTOS BANCARIOS (por nota débito sellados y gastos)	180	
a BANCOS Para regularizar los saldos con el Banco con motivo de la conciliación bancaria practicada en el día de la fecha.		390

Asiento 2 - Para regularizar los créditos

BANCOS (por el pagaré cobrado por el Banco)	3.000	
a DOC. A COBRAR Para regularizar los saldos con el Banco con motivo de la conciliación bancaria practicada en la fecha.		3.000

El pase del asiento precedente a la cuenta del Mayor de BANCOS producirá los siguientes efectos en los libros de la empresa:

Cuenta: BANCOS

Fecha	Operación	Debe	Haber	Deudor	Acreedor
Enero 1	Saldo anterior	9.240			
Dic. 31	Asiento de regularización	3.000			
Dic. 31	Asiento de regularización		390	11.850	
	Sumas	12.240	390	11.850	

Como puede observarse el saldo actual de la cuenta BANCOS coincide con el saldo que debe arrojar la Sección del Banco, una vez que éste a su vez registre los conceptos pendientes.

BIENES DE USO

Respecto de los bienes que posee un comerciante o empresa cualquiera, cabe la siguiente distinción en aquellos que son:

- Utilizados en la actividad específica de la empresa (en tareas de producción, administración o comercialización, indistintamente, que sufren un deterioro permanente por su uso y, por lo tanto, su valor al cual ingresan al patrimonio de la empresa sufre una desvalorización respecto de su valor de origen (llamada amortización).

- Destinados a ser vendidos por su obsolescencia, falta de utilización o necesidad de reemplazo por otros, de tecnología o rendimiento superior a los existentes, obteniendo en dicha venta una pérdida o ganancia res- pecto de su valor neto de libros (valor original menos amortizaciones por uso).

El lenguaje contable ha asignado a estos bienes la denominación de Bienes de uso en atención a la función que se les asigna, representados usualmente por cuentas como Edificios y Construcciones, Muebles y Útiles, Instalaciones, Rodados, etc.

Amortizaciones

La característica de los bienes de uso de ser utilizados para poder llevar a cabo la actividad de la empresa les ocasiona un desgaste que, sin duda alguna, disminuye su valor a medida que se intensifica su uso por el transcurso del tiempo.

Dicha disminución se conoce con el nombre de depreciación, sinónimo de pérdida de valor sufrida por una cosa, y la asignación del valor de esa depreciación se denomina amortización desde el punto de vista contable y económico.

En el aspecto contable, la amortización de bienes de uso obedece a las siguientes razones:

1. La necesidad de mantener actualizado el valor de tales bienes, en razón de la pérdida de valor que sufren como consecuencia de la depreciación.

2. Mantener la individualidad de cada ejercicio contable a efectos de que cada uno de ellos absorba la parte que le corresponde soportar por la depreciación que sufren los bienes de uso.

3. Mantener el capital íntegro, pues de no realizarse las amortizaciones los bienes de uso se irían deteriorando cada vez más hasta llegar a su destrucción o pérdida total de su valor, en cuya oportunidad reflejaría un quebranto que afectaría sobremanera el capital de la empresa.

4. Reflejar la pérdida que tales bienes sufren en su valor, la cual disminuirá las utilidades o incrementará las pérdidas del ejercicio, dando expresión real a los resultados que se determinen.

Valores de origen y valores residuales. Terminología a utilizar

En el estudio del registro contable de los Bienes de Uso es importante considerar algunos conceptos que merecen una clara definición, a saber:

VALOR DE ORIGEN	Es el valor con que ingresa el bien al patrimonio de la Empresa corresponde a su valor de compra incluidos todos los gastos relacionados con su adquisición y preparación de dicho bien para su

	uso (transporte, instalación, formalización de la operación, nivelación, honorarios, etc.)
VALOR RESIDUAL	O sea, el valor estimado de venta, o valor de desecho, al final de la vida útil del bien.
VIDA ÚTIL	Es el período de tiempo o de producción en el cual se ha de distribuir la diferencia que existe entre el valor de origen y el valor residual.

Registro de amortizaciones

Dado que, generalmente, los bienes de uso se deterioran o deprecian en períodos que exceden del plazo de un ejercicio económico y ese desgaste sufre una disminución del valor de los mismos que, en definitiva, ha de disminuir el patrimonio de la empresa, ello constituye una pérdida que debe ser considerada en los estados contables que se elaboren.

El procedimiento usado para contabilizar la depreciación consiste, por una parte, en reflejar la pérdida sufrida, y por la otra en radicar en una cuenta especial los montos de la misma que se vayan acumulando con el fin de ir actualizando el valor real del activo que se amortiza.

Ejemplo:

Contabilizar el desgaste sufrido por una maquinaria cuyo valor de origen es de $ 100.000 y su vida útil se estima en 10 años.

AMORTIZACIÓN MAQUINARIAS	**10.000**	
a AMORT. ACUMULADAS Para registrar la amortización correspondiente al corriente ejercicio (10% s/ $ 100.000)		**10.000**

Como consecuencia de la amortización contabilizada conforme al asiento anterior, el valor de los bienes depreciados será el siguiente:

MAQUINARIA		
Valor de origen...	$ 100.000	
Amortización del Ejercicio...	$ 10.000	$ 90.000

El valor neto $ 90.000, que resulta una vez deducida la amortización, se denomina valor residual y equivale al valor actualizado de dichos bienes.

El cálculo de la amortización anual constituye una de las etapas previas a la realización del balance general, dado que es una operación que tiende a adecuar el valor de los bienes a la realidad económica.

Cálculo de las amortizaciones

La amortización o depreciación de estos bienes, según sea el método que se adopte, deberá efectuarse de acuerdo con criterios mantenidos uniformemente de un ejercicio a otro.

Las alícuotas de depreciación se aplicarán sobre el costo de origen y se entiende que se emplean en el supuesto de que se haya hecho uso normal del equipo, maquinarias, vehículos, etc.; si el uso hubiera sido variado sensiblemente, deberá tenerse en cuenta dicha circunstancia para modificar como corresponda la respectiva alícuota.

Existen diversos métodos para realizar el cálculo de las amortizaciones que se clasifican en:

PROPORCIONALES	A aquellos cuyo cálculo se encuentra en relación con una determinada base elegida (tiempo, horas de funcionamiento, unidades producidas, etc.)
DECRECIENTES	Que tienden a establecer una mayor amortización al comienzo de su utilización y disminuye a medida que se acerca su desuso.
CRECIENTES	En los cuales la amortización aumenta a medida que avanza el período de la utilización del bien.

Los métodos proporcionales para el cálculo de la depreciación sobre bienes de uso son los más utilizados pues tienen por objeto distribuir la incidencia que ella tiene en los distintos ejercicios con relación a su vida útil, expresada en el tiempo o el uso que se haga de los mismos; con arreglo a dicho concepto existen tres variantes del mismo:

a. Método directo o de la línea recta, que considera que la depreciación en cada ejercicio es proporcional al tiempo estimado como vida útil del bien.

Ejemplo:

Un determinado bien de uso cuyo valor de costo u origen es de $ 100.000, cuya vida útil se estima en 10 años, tendrá una depreciación anual de $ 10.000 resultante del siguiente razonamiento:

Valor de costo u origen	$ 100.000
Años de vida útil:	10
Amortización	$ 10.000

Este sistema es de gran sencillez en cuanto a su cálculo y, posiblemente, el de mayor utilización.

Hacia este sistema se inclinan nuestras normas impositivas que establecen como cálculo de la amortización un porcentaje fijo en función al número de años de vida útil probable de los bienes.

b. Método de horas de funcionamiento: en este método se atiende al uso del bien y no al período transcurrido, considerando que el desgaste se sufre por su utilización y no por el tiempo que ha permanecido en la empresa; la diferencia con el método anterior se debe a que en aquél la amortización se calcula aún cuando el bien no haya sido utilizado, en cambio, en este método, se considera el desgaste una vez que se ha producido por el uso.

Ejemplo:

Si consideramos que el bien de uso anterior posee una vida útil de 10.000 horas de funcionamiento, cada hora de utilización del mismo tendrá un desgaste de $ 10 según reza la siguiente fórmula:

Valor de costo u origen	$ 100.000
Vida útil en horas de trabajo	10.000
Amortización por 1.000 horas	$ 10.000

Y, en cada ejercicio, deberá cargarse el importe que corresponda a las horas de utilización de dicho bien; supongamos que el primer ejercicio, dicho bien fue empleado durante 700 horas, la amortización será la siguiente:

Depreciación horaria x Horas utilizada = 10 x 700 = $ 7.000

c. Método de unidades de producción: este método es similar al anterior utilizado como parámetro el de unidades producidas en lugar de horas de funcionamiento.

Ejemplo:

Siguiendo el caso del bien a que se refieren los dos ejemplos anteriores, si estimáramos que se trata de una máquina cuya capacidad de utilización permite la fabricación de 5.000 piezas de un determinado producto, la depreciación por unidad de producción será la siguiente:

Valor de costo u origen	$ 100.000
Total unidades a producir	5.000
Amortización por pieza	$ 20

Si en el ejercicio que se desea contabilizar su amortización se hubieran producido 800 unidades el valor a amortizar será el siguiente:

Unidades producidas x Depredación por unidad | 800 x 20 = $ 16.000

Los métodos decrecientes y crecientes son menos utilizados, dado que, de acuerdo con las normas impositivas, en general, no son aceptados para el cálculo de la depreciación de los bienes de uso que sea deducible a los fines de calcular la base de imposición.

En efecto, los primeros (decrecientes) tienen por finalidad prever un desgas- te mayor en los primeros períodos de su vida útil por considerar que pérdida de valor en ellos es también mayor, basándose en distintos procedimientos de cálculo para su aplicación; entre los más comunes pueden citarse el decreciente a porcentaje fijo o de doble declinación de saldo (pues calculan la amortización sobre los valores residuales) y en los de progresión aritmética (basado en cálculos matemáticos especiales).

Por su parte, los métodos crecientes parten de una posición opuesta a los anteriores, ya que consideran que el desgaste que se produce al comienzo de su vida útil es más pequeño por tener menor desgaste en su inicio acrecentándose a medida que transcurren los períodos siguientes; entre estos métodos de amortización suelen mencionarse los crecientes en progresión aritmética y dígitos basados en similares procedimientos utilizados para el cálculo de los métodos decrecientes.

Liquidación de bienes de uso

Los elementos que componen los Bienes de Uso pueden ser liquidados, esto es, dados de baja del patrimonio de la empresa en base a alguna de las siguientes causas:

- Descargo del Activo
- Venta del Activo
- Negociación del Activo con reconocimiento del resultado habido
- Negociación del Activo sin reconocimiento del resultado habido

Es importante conocer los procedimientos de registro de las causas por las cuales han sido dados de baja los bienes de uso, en razón de consistir en operaciones accidentales dentro de una empresa que pueden ocasionar importantes modificaciones patrimoniales, como así también en el cálculo de sus resultados, lo cual puede motivar, en algunos casos, ajustes a las cuentas representativas de los mismos con motivo del balance general.

Descargo del activo

Ello sucede cuando los elementos de Bienes de uso no son necesarios para la actividad para la cual se encontraban dispuestos y, por lo tanto, han sido amortizados totalmente; en estos casos suelen ser vendidos como chatarra o rezagos.

Ejemplo:

Una maquinaria adquirida en la suma de $ 20.000 fue amortizada totalmente a fin del año anterior, encontrándose en la actualidad sin valor alguno de reventa.

AMORTIZACIONES ACUMULADAS	20.000	
a MAQUINARIAS		20.000
Para dar de baja del activo la maquinaria en desuso y sin valor de venta.		

En caso que dicho elemento tuviere algún valor en los libros (es decir que no hubiese sido amortizada totalmente deberemos registrar los siguientes aspectos:

1. Actualización de la amortización hasta el momento de su liquidación.
2. Contabilización del resultado habido en la liquidación.

Ejemplo:

Supongamos que una máquina que fue adquirida en la suma de $ 30.000 ha sido amortizada a una tasa del 10 por ciento anual durante 8 ejercicios calendarios (1/1 al 31/12), incluido el ejercicio anterior; se decide descargar la misma del activo a mediados del presente ejercicio (30 de junio = 6 meses del ejercicio).

Asiento 1 - Se contabiliza la amortización al momento de la liquidación

AMORTIZACIÓN MAQUINARIAS	1.500	
a AMORTIZACIÓN ACUM.		1.500
Para registrar la amortización correspondiente a 6 meses del corriente ejercicio.		

Asiento 2 - Contabilización del resultado habido en la liquidación

AMORTIZACIÓN MAQUINARIAS	25.500	
RESULTADO VENTA MAQUINARIAS (Pérdida)	4.500	
a MAQUINARIAS		30.000
Para contabilizar el descargo del activo de una máquina sin valor de venta.		

Venta del activo

Los elementos que componen los Bienes de Uso, al término de su utilización, pueden tener algún valor en plaza y, por lo tanto, pueden ser vendidos.

En estos casos toda venta de un bien de uso ha de demandar los siguientes registros:

- Actualización de la amortización
- Registro de la venta y el resultado habido

Ejemplo:

Una máquina adquirida en la suma de $ 40.000 y con una amortización acumulada de $ 28.000 (10 por ciento durante 7 años) al 31 de diciembre del año anterior, fecha de cierre del ejercicio, es vendida en el mes de marzo del corriente año en la suma de $ 18.000.

Asiento 1 - Actualización de la amortización

AMORTIZACIÓN MAQUINARIAS	1.000	
a AMORTIZ. ACUMULADAS		1.000
Para registrar la amortización correspondiente al corriente ejercicio (enero-marzo 3 meses ¼ s/$ 4.000).		

Asiento 2 - Registro de la venta y el resultado habido

CAJA	**18.000**	
AMORTIZ. ACUMULADAS	**29.000**	
a MAQUINARIAS		**40.000**
a RESULTADO VTA. MAQ.		**7.000**
Para contabilizar la venta de la máquina y el resultado habido en la misma.		

La utilidad resulta del siguiente razonamiento:

1.	Amortización acumulada al 31 de diciembre anterior	$ 28.000
2.	Amortización del ejercicio (enero-marzo)	$ 1.000
3.	Valor de adquisición de la máquina (según libros)	$ 40.000
4.	Valor residual..........	$ 11.000
5.	Valor de venta..........	$ 18.000
6.	Ganancia obtenida en la venta..........	$ 7.000

Negociación con reconocimiento del resultado

Es común en las empresas, sobre todo industriales, el renovar sus equipos negociando los equipos viejos en cambio de equipos nuevos.

En tales casos, el valor que se asigna en el trueque al equipo viejo se deduce del precio de adquisición del precio nuevo, abonándose el saldo de acuerdo con lo que se convenga en dicha oportunidad.

Si la asignación de valor al equipo viejo es superior a aquel con el cual éste figura en los libros, se obtiene una ganancia; en cambio, si éste último es superior a aquél se ha de producir una pérdida.

En ambas situaciones el registro contable se realiza mediante dos asientos que responden respectivamente a:

- Actualizar el valor de la amortización a la fecha de la negociación.
- Contabilizar el cambio.

Ejemplo:

Sobre la base de los siguientes datos contabilizar con fecha 30/6 del corriente año, la adquisición de una máquina nueva entregando en parte de pago una usada.

Máquina vieja:

Valor de adquisición...	$ 20.000
Amortización acumulada al 31 de diciembre del año anterior, fecha de cierre del ejercicio (8 años) ...	$ 16.000

Amortización del 10 por ciento del presente ejercicio (hasta el día de su entrega...	$ 1.000
Máquina nueva:	
Valor de adquisición...	$ 40.000
Valor asignado a la máquina vieja...	$ 5.000
Saldo que se abona en dinero en efectivo...	$ 35.000

Asiento 1 - Actualización del valor de la amortización

AMORTIZACIÓN MAQUINARIAS	1.000	
a AMORTIZ. ACUMULADAS		1.000
Para contabilizar la amortización del presente ejercicio.		

Asiento 2 - Registro del cambio

AMORTIZ. ACUMULADAS (Por el equipo viejo)	17.000	
MAQUINARIAS (Por el equipo nuevo)	40.000	
a MAQUINARIAS (Por el equipo viejo)		20.000
a CAJA		35.000
a RESULT. VENTA MAQ.		2.000
Para contabilizar la compra de una máquina nueva entregando en parte de pago una usada.		

En efecto, la maquinaria vieja posee el siguiente valor residual:

Valor de origen...	$ 20.000
Amortización acumulada...	$ 17.000
Valor residual...	$ 3.000

Al obtener sobre dicha máquina un precio de venta de $ 5.000 obtenemos una utilidad de $ 2.000 (5.000-3.000) en la negociación.

Negociación sin reconocimiento del resultado

Este procedimiento se conoce también con el nombre de método de impuestos, en razón que, en general, las disposiciones impositivas admiten que las ganancias que se obtengan en la renovación de Bienes de uso, principalmente maquinarias, pasen a formar parte del costo (deduciendo de éste la utilidad o incrementándolo en caso de pérdida de los equipos nuevos o que se reciben en cambio.

En esa forma las leyes impositivas que gravan las ganancias no se aplican sobre dichas utilidades en tales casos.

Para ello, el registro contable debe realizarse sobre la base de los siguientes asientos:

1. Para actualizar la amortización del equipo viejo.
2. Registro del cambio disminuyendo la ganancia del costo del equipo nuevo.

Ejemplo:

Teniendo en cuenta la información del ejemplo anterior procederemos al registro del cambio de la máquina basándonos en el presente procedimiento.

AMORTIZ. ACUMULADAS	17.000	
MAQUINARIAS (Por el equipo nuevo)	38.000	
a MAQUINARIAS (Por el equipo viejo)		20.000
a CAJA		35.000
Para registrar la adquisición de la nueva máquina y entrega de la vieja.		

El valor del equipo nuevo con el cual ingresa a los libros surge del siguiente razonamiento:

Valor asignado a la máquina vieja en el cambio...	$ 5.000
Menos: Valor de libros de la máquina vieja	
(menos amortización)	$ 3.000
Utilidad obtenida por la venta de la máquina vieja...	$ 2.000
Precio de adquisición de la máquina nueva...	$ 40.000
Valor con que ingresa a los libros la máquina nueva.	$ 38.000

La utilización de este último procedimiento, si bien se ajusta a las disposiciones impositivas no condice con las normas técnicas vigentes en materia de valuación de los bienes de uso y, en particular, con el principio generalmente aceptado de valuación al costo, aspecto este último que deberá ser tenido en cuenta en el momento que corresponda redactar los estados contables a efectos de no contradecir tales normas y principios. Esta es una de las tantas cuestiones en que las disposiciones impositivas no presentan concordancia con la técnica contable.

Por lo tanto, realizamos esta aclaración a los efectos que el lector sepa interpretar la relatividad de las registraciones que se efectúen en base a la última alternativa que puede presentarse en la disminución o baja de bienes de uso.

Nuestro interés ha sido mostrarla como un caso más que debe ser conocido sin perjuicio que, en caso de adoptarlo, se tenga en cuenta también la regularización que cabe hacer a fin del ejercicio para convertirlo en un caso de negociación con reconocimiento del resultado que hemos estudiado como tercera alternativa en el presente subcapítulo.

EJERCICIOS DE AUTOEVALUACIÓN

Arqueo de valores

1) Si del ARQUEO DE VALORES surge un FALTANTE DE DINERO EN EFECTIVO ¿Qué CUENTA acredita en el asiento de REGULARIZACIÓN?
2) Realizada una CONCILIACIÓN BANCARIA se comprueba que un CHEQUE NO FUE PRESENTADO al Banco ¿Qué determinación adopta?
3) Realizada una CONCILIACIÓN BANCARIA existe un DÉBITO DEL BANCO que no se encuentra registrado en la cuenta de la empresa ¿Qué determinación adopta?
4) ¿Qué CUENTA debita al RECIBIR UN CHEQUE de un CLIENTE?
5) Si Ud. ENTREGA en PAGO A UN ACREEDOR un CHEQUE RECIBIDO de un cliente ¿Qué CUENTA acredita?
6) ¿Qué CUENTAS debita en el DESCUENTO EFECTUADO AL BANCO de un PAGARÉ A SOLA FIRMA?

Bienes de Uso

1) ¿Cómo registraría en el DIARIO, al final del ejercicio la AMORTIZACIÓN del 10% sobre un bien de uso adquirido seis meses antes por valor de $ 100.000?

2) ¿Cómo registraría en el DIARIO la venta en dinero en efectivo de un BIEN DE USO en la suma de $ 120.000 adquirido hace tres años en la suma de $ 100.000 y sobre el cual se han realizado AMORTIZACIONES por $ 30.000?

3) ¿Cómo registraría en el DIARIO la venta en dinero en efectivo de un BIEN DE USO en la suma de $ 30.000, adquirido en la suma de $ 50.000 y el cual se encuentra TOTALMENTE AMORTIZADO?

4) ¿Cómo registraría en el DIARIO, al final del ejercicio la AMORTIZACIÓN del 10% sobre un bien de uso adquirido seis meses antes por valor de $ 100.000?

5) ¿Cómo registraría en el DIARIO la venta en dinero en efectivo de un BIEN DE USO en la suma de $ 120.000 adquirido hace tres años en la suma de $ 100.000 y sobre el cual se han realizado AMORTIZACIONES por $ 30.000?

6) ¿Cómo registraría en el DIARIO la venta en dinero en efectivo de un BIEN DE USO en la suma de $ 30.000, adquirido en la suma de $ 50.000 y el cual se encuentra TOTALMENTE AMORTIZADO?

CAPÍTULO 15

Operaciones previas al balance general (Parte tercera)

CRÉDITOS

Todos aquellos conceptos que representan cuentas a cobrar de la empresa, caso Deudores y Documentos a Cobrar, entre otros, se agrupan en un rubro que denominamos Créditos.

Dicho rubro permite conocer, en cualquier momento, a través de los saldos de las cuentas que lo representan, los ingresos futuros con que contará la empresa que, junto con los recursos inmediatos (Disponibilidades) le permitirán hacer frente a sus deudas y obligaciones.

De allí la importancia que los saldos representativos de dichas cuentas se adecuen a la realidad y que, en cualquier oportunidad, puedan conocerse debida- mente individualizados, los conceptos que deben ser percibidos como así también la fecha de su percepción.

Tal situación se manifiesta sobre todo respecto de los créditos en cuentas corrientes, ya que la fecha de cobro dependerá del cumplimiento del cliente de las condiciones pactadas.

Referente a los Documentos a Cobrar, el o los pagarés que los representan poseen una fecha de vencimiento cierta y determinada, por lo cual un simple listado que los ordene en forma cronológica permitirá conocer las fechas de su probable ingreso.

Análisis de saldos

Distintos sistemas son utilizados con el fin de analizar los saldos de las cuentas corrientes deudoras (clientes) con el fin de conocer su probable fecha de cancelación; entre los cuales se encuentran los siguientes:

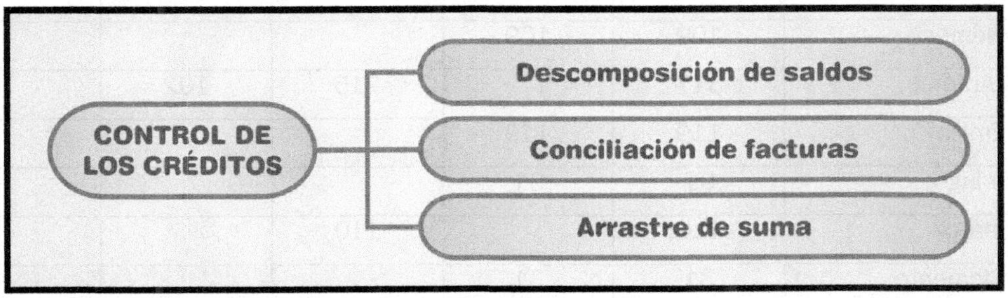

Sobre cada uno de ellos nos referiremos a continuación.

Mediante descomposición de los saldos mensuales

A tal fin se prepara un balance encolumnado en el cual se establece el nombre del cliente, el saldo total de su cuenta y la discriminación de ese saldo de acuerdo con la fecha de la deuda.

El inconveniente que presenta la utilización de este método reside en que sólo es posible obtenerla una vez al mes, es decir al practicarse un balance mensual y no incluye los movimientos habidos en la cuenta corriente respectiva desde dicho análisis hasta la fecha en que la información es requerida.

En efecto, todo pago posterior a la fecha en que se realiza dicho análisis, no figura y, por lo tanto, la cuenta respectiva no ha sido descargada por el mismo.

Sin embargo, éste es uno de los procedimientos más utilizados para determinar el atraso que incurre un deudor en el pago de sus facturas.

Pero, para ello, es necesario que la discriminación sea correctamente efectuada afectando a cada factura el pago que le corresponde.

A continuación, observaremos un listado de deudores en el cual se han volcado los importes adeudados en función del vencimiento de los mismos y poder así determinar tanto los que se encuentran en mayor factibilidad de cobro, como los que su demora en su cancelación obligará a tomar medidas de carácter más compulsiva o prever su incobrabilidad en la forma que indicaremos más adelante.

ANÁLISIS DE SALDOS POR ANTIGÜEDAD DEUDORES VARIOS					
Cliente	**Saldo general**	**30 días**	**60 días**	**90 días**	**120 días y más**
Abella Ramón	200	113		67	
Abud Nadin	106	106			
Acerbo Italo	19				19
Acevedo Ernesto	147		102	45	
Adriano Francisco	112	90	22		
Aguirre Armando	217	90	22		
Ahumada Pablo	20			20	
Alacid Inés	317	64	179		74
Albertal Eugenio	364	364			
Alfaya Daniel	131	131			
Álvarez Jesús	216		105	111	
Álvarez Némesis	109	109			
Angelen Antonio	317		215	102	
Aragón Emilio	119	119			
Arce Domingo	91	31			
Arias Genaro	110		110		
Arriaga Clemente	31	31			
Aslan Manuel	460	420	40		
Astarga Alberto	310	209		101	
Autelio Emilio	210	105	105		
Ayala Carlos L.	63	31	32		

Azcoaya Francisco	46	46			
Transporte	3.715	1.969	957	636	153

Mediante conciliación de facturas y pagos

Utilizando este método se acostumbra marcar la factura pagada mediante una letra al asentar el correspondiente crédito (utilizando tildes o números o símbolos correlativos).

En esta forma las facturas impagas permanecen sin marca alguna pudiendo discriminarse en tal forma la antigüedad del saldo, sumando las mismas cada mes y anotándolas en la columna correspondiente en un listado como el indicado anteriormente.

Nombre: Antonio Martínez				Cuenta N° 3120		Hoja N° 1		
Dirección: Av. 9 de Julio 1640				Crédito 400		Día de pago: 30 días fecha		
FECHA		A	POR	DEBE	C	HABER	C	SALDO
Octubre	16	Fa. 1164		100	a			100
Octubre	23	Fa. 2320		60	b			160
Octubre	27	Fa. 3165		118				278
Noviembre	9	Fa. 4361		34				312
Noviembre	16		Rec. 3143			95	a	
Noviembre	16		Dto.			5	a	212
Noviembre	18	Fa. 4964		109				321
Noviembre	23		Rec. 3718			60	b	261
Diciembre	11	Fa. 5322		80				341
Diciembre	19	Fa. 5934		45				386

Mediante arrastre de sumas de débitos y créditos

Otra forma de proceder al análisis de los saldos consiste en arrastrar las sumas de los débitos y los créditos después de cada asiento de crédito.

En tal forma al comparar el total último de la columna del Haber con la cantidad igual o más aproximada de la columna del Debe, se tira una línea como la que se indica en nuestra figura siguiente y todas las facturas siguientes a dicha marca serán aquellas que se encuentran impagas.

Este método suele ser usado mecánicamente en la contabilidad mecanizada y se denomina Acumulación de débitos y créditos.

Nombre: Eduardo Cabrera Dirección: Juramento 7618			Cuenta N° 2164 Crédito 500		Hoja N° 1 Día de pago: 30 días fecha			
FECHA		A	POR	DEBE	C	HABER	C	SALDO
Octubre	9	Fa. 11640		150				150
Octubre	16	Fa. 13184		130				280
Octubre	27	Fa. 15629		90				370
Octubre	31		Rec. 8920			266		
Octubre	31		Dto.			14		90
Noviembre	4	Fa. 16489		125				215
Noviembre	8	Fa. 17910		30				245
Noviembre	15		Rec. 9689			85		
Noviembre	15		Dto.			4		156
Diciembre	12	Fa. 19418		42				198

Depuración de cuentas

El análisis de las cuentas de los Deudores presenta la ventaja de reflejar los constantes cambios o modificaciones experimentados en las mismas en el curso de las operaciones comerciales con vistas a la correcta determinación de su grado de cobrabilidad.

Dicha información nos muestra en principio el saldo global, pero para conocer la forma en que éste se descompone en función de la antigüedad de las compras, debemos recurrir a un análisis de dichos saldos globales, que consiste en establecer cómo se descompone el saldo de cada cuenta según la antigüedad de las compras y poder determinar así:

a. Desde que fecha adeuda el cliente.
b. En qué forma ha cumplido con sus pagos.

Algunas firmas no esperan la fecha de cierre del ejercicio anual para proceder a dicho análisis, sino que lo practican mensualmente, debido a la importancia que esa información tiene para los créditos, la aceptación de los pedidos y la cobranza.

Ahora bien, del análisis comentado pueden surgir, respecto de las cuentas de clientes, las siguientes situaciones respecto a su grado de cobrabilidad, que obligan a clasificarlos así:

DEUDORES INCOBRABLES	Cuando la imposibilidad de cobro se encuentra manifiesta- mente comprobada a raíz de haber fracasado todas las tentativas directas o indirectas, privadas o judiciales.
DEUDORES MOROSOS	Cuando realizan sus pagos con evidente atraso sobre las condiciones convenidas.
DEUDORES EN LITIGIO	Cuando existen divergencias sobre el reclamo de pago efectuado, fundadas en las condiciones en que se efectuó la venta, lo cual obliga a promoverles un juicio.

Para el primer caso corresponde la cancelación de los importes registrados o sea su anulación de los registros; sobre los restantes, se efectúa una previsión o reserva para atender la futura incobrabilidad que pueda presentarse, dado la posibilidad existente de acuerdo a las acciones realizadas o a realizar.

Tales situaciones obligan a la realización de ajustes en la contabilidad que permitan adecuar a la realidad la información que ella produce.

Ello da lugar a dos tipos de operaciones que serán registrados en los libros correspondientes:

1. La cancelación de los deudores incobrables.
2. La constitución de una previsión destinada a prever los resultados desfavorables en la cobranza de los deudores morosos y de los créditos en litigio.

Cancelación de deudores incobrables

Esta operación tiene por objeto cancelar o anular el saldo deudor de aquellos clientes cuya posibilidad de cobro es nula y consiste en transferir dicho saldo a una cuenta representativa de la pérdida que se sufre por tal circunstancia.

DEUDORES INCOBRABLES	15.000	
a DEUDORES		15.000
J. Fernández		
Por el saldo que nos adeuda el deudor mencionado y que consideramos incobrable.		

En dicho asiento la cuenta Deudores Incobrables representa la pérdida ocasionada por la incobrabilidad del deudor, asumiendo el carácter de una cuenta de resultado; también suele utilizarse para estos casos la cuenta Quebrantos en vez de Deudores Incobrables.

Previsión para incobrabilidad de deudores

Independientemente del caso anterior, utilizado para casos especiales, se suele constituir habitualmente una Previsión para Incobrabilidad de Deudores, o sea un fondo para hacer frente todos aquellos casos que suelen presentarse en toda empresa de acuerdo con el volumen y número de clientes de la empresa, empleando al efecto dos tipos de procedimientos, a saber:

En función de las ventas

En este caso se establece un porcentaje sobre las ventas netas realizadas que se estima cubre cualquier riesgo de incobrabilidad de los deudores el cual se basa en un porcentaje sobre las ventas similar al que se ha dado en función de las incobrabilidades habidas en ejercicios anteriores.

Ejemplo:

Supongamos una Empresa cuyas ventas anuales netas han sido del orden de los $ 100.000.000 y la incobrabilidad que se ha presentado en los años anteriores oscila alrededor del 3% de las ventas, resuelve constituir una Previsión para Incobrabilidad de Deudores equivalente a dicho porcentaje sobre las ventas actuales, para cuyo fin formula el siguiente asiento:

DEUDORES INCOBRABLES **a PREV. DEUDORES INCOB.** Para constituir la previsión del ejercicio para atender la probable incobrabilidad de deudores.	3.000.000	
		3.000.000

Como hemos dicho la cuenta de DEUDORES INCOBRABLES será una cuenta de resultados que prevé una pérdida futura del 3% sobre las ventas que se realicen por dicho concepto.

En función de la antigüedad de los saldos

Si se desea constituir una Previsión para Incobrabilidad de Deudores sobre la antigüedad de sus saldos, deberá realizarse su cálculo de acuerdo a un procedimiento que, teniendo en cuenta como base las condiciones normales de venta (por ejemplo 30 días) se aplique escala porcentual de acuerdo al exceso de mora en el pago; por ejemplo deudas que exceden los 30 días un 2%, los 60 días un 3% y así sucesivamente y la constitución de dicha Previsión será contabilizada en igual forma que en el caso anterior.

ANÁLISIS DE SALDOS POR ANTIGÜEDAD Clientes al 31 de diciembre						
Cliente	Saldo general	30 días	60 días	90 días	120 días y más	Más de 120 días
J. González	40.000		25.000	15.000		
A. Gutiérrez	30.000					30.000
M. Fernández	19.000					19.000
J. López	58.000		18.000		40.000	
H. Gómez	14.000	14.000				
J. Colombo	63.000		35.000		28.000	
S. Rey	40.000	18.000	14.000	8.000		
R. Solari	68.000					68.000
J. Castellano	46.000			20.000	9.000	17.000
	378.000	32.000	92.000	43.000	77.000	134.000
Porcentaje de castigo		2%	2%	3%	4%	5%
Previsión p/incob.	13.550	640	1.840	1.290	3.080	6.700

De acuerdo al análisis precedente la Previsión para Incobrabilidad de Deudores sería constituida por un valor de $ 13.550.

En función de la calificación de los deudores

Generalmente, cuando un deudor se atrasa en la cancelación de su deuda, esta sufre una automática depreciación en su valor, al punto tal que resulta mucho más difícil cobrar una cuenta que se encuentra 7 u 8 meses atrasada que otra recién vencida.

Igual sucede cuando por circunstancias extraordinarias debe recurrirse al reclamo judicial o extrajudicial para ejercer los derechos su cobro pese a lo prolongado de dicho trámite y la constante incertidumbre acerca de su efectividad, lo cual depreciará considerablemente el valor a cobrar.

Los deudores morosos o en litigio, como suele llamarse se encuentran perfectamente individualizados en toda empresa y en base al monto de las deudas que se encuentren en dichas condiciones, se suele diferenciarlos de los deudores comunes (con deudas no vencidas), a efectos que las cuentas que los representan reflejen dichas situaciones mediante un registro similar a este:

DEUDORES MOROSOS		
a DEUDORES EN GESTIÓN		
a DEUDORES		
Para transferir a las cuentas deudoras saldos a cobrar vencidos y en gestión judicial o extrajudicial.		

De allí se deduce también la conveniencia de constituir una reserva de fondos necesaria para atender los previsibles eventos que pueden presentarse en la realización de créditos tan dudosos, mediante el empleo de la cuenta Previsión para Deudores Incobrables.

Tal reserva, que no es otra cosa que la previsión que hemos efectuado en los casos anteriores prevé una posible pérdida futura a la vez que mantiene los fondos necesarios para atender su posible incobrabilidad, registrando esa situación con un asiento como este:

DEUDORES INCOBRABLES		
a PREV. DEUDORES INCOB.		
Para constituir un previsión sobre los saldos de deudores morosos y en gestión de cobro por deudas vencidas.		

Por ello, en el supuesto que las tratativas futuras señalen la incobrabilidad definitiva de tales saldos de dichos deudores, se dará de baja a éstos con cargo a la cuenta de Previsión oportunamente creada, representando dicha situación así:

PREV. p/INCOBRABLILIDAD **a DEUDORES MOROSOS** **a DEUDORES EN GESTIÓN** Por la no recuperación de los créditos oportunamente transferidos a las cuentas acreedoras.		

BIENES DE CAMBIO

Introducción

Uno de los ajustes más importantes a practicar con motivo de la realización del balance de fin es el que corresponde a la o las cuentas que representan el objeto de toda empresa cuáles son sus bienes de cambio, que constituyen la fuente de obtención de utilidades o ganancias, que es el fin perseguido en toda actividad empresaria.

Por lo tanto, ha de prestarse especial atención a su tratamiento contable, como así también a la forma de efectuarle los débitos y créditos que suponen, respectivamente incrementos o disminuciones en la misma, en razón que los precios en que se adquiere y se venden son distintos y, en consecuencia, el saldo de la cuenta no respondería a la realidad de la cantidad existente respecto de su precio de adquisición.

Por ello, uno de los problemas que se plantean en la utilización de la o las cuentas de bienes de cambio, es la existencia de una diferencia de valores entre los distintos precios en que se adquieren las mercaderías y a los cuales se venden las mismas.

De allí que, en el momento de la venta o realización de las mercaderías, debemos atender a dos aspectos esenciales en su contabilización.

- La venta o salida de las mercaderías del patrimonio del vendedor.
- El costo de la mercadería vendida.

Téngase en cuenta que nos referimos exclusivamente a los registros de la operación por parte del vendedor, pues el que corresponde al comprador no presenta dificultad alguna, ya que el ingreso de las mercaderías a su patrimonio se realiza a un valor fijo de adquisición, constituyen una simple modificación de su patrimonio de carácter permutativo.

Esta situación adquiere una importancia radical al proceder a realizar el balance de fin de ejercicio por cuanto puede modificar esencialmente su resultado de acuerdo al procedimiento adoptado en su contabilización.

Ajustes a practicar en caso de balance

En nuestro capítulo 9 hemos analizado los distintos procedimientos de registración de la venta de los bienes de cambio y las distintas situaciones que se derivan de dicha contabilización que pueden motivar una distorsión en el saldo de la cuenta que los represente respecto del valor y cantidad de las existencias reales que surjan en oportunidad del cierre del ejercicio.

En realidad, salvo las características especiales que presentan ambos procedimientos solo correspondería, en cualquiera de ellos, un ajuste de la cuenta representativa de los bienes de cambio en casos de faltantes o sobrantes, por haberse producido algún error de registración o diferencias por unidades deterioradas o, en el caso de productos que se identifican por peso o medida, por diferencias que puedan presentarse en su medición, etc.

En tales casos, los ajustes tendrían por objeto debitar o acreditar la cuenta Mercaderías, según existan faltantes o sobrantes, respectivamente; salvo que en el caso del procedimiento simple deberían acreditarse o debitarse en una cuenta de resultado especial y en el caso del procedimiento informativo dichos ajustes deberían recaer en el costo de la mercadería vendida según podemos observar en los siguientes registros:

Procedimiento simple

1. En caso de un recuento mayor a la existencia

MERCADERÍAS	5.000	
a DIF. DE INVENTARIO		5.000
Por el recuento realizado en la fecha que arrojó una cantidad mayor a la existente		

2. En caso de recuento menor a la existencia

DIFERENCIAS DE INVENTARIO	5.000	
a MERCADERÍAS		5.000
Por el recuento realizado en la fecha que arrojó una cantidad menor a la existente		

Procedimiento informativo

1. En caso de un recuento mayor a la existencia

MERCADERÍAS	5.000	
a COSTO DE VENTAS		5.000
Por el recuento realizado en la fecha que arrojó una cantidad mayor a la existente		

2. En caso de un recuento menor a la existencia

COSTO DE VENTAS	**5.000**	
a MERCADERÍAS		**5.000**
Por el recuento realizado en la fecha que arrojó una cantidad menor a la existente		

La contabilización de las ventas y el IVA

El Impuesto al Valor Agregado

El Impuesto al Valor Agregado es un tributo que, de acuerdo con sus características de imposición, debe ser facturado por el vendedor en la misma factura de venta de los productos que generan su cálculo.

Consiste en un porcentaje a aplicar sobre el valor de venta de los productos que, en la actualidad, se ha generalizado en un veintiuno por ciento, reduciéndose el mismo para determinados productos, generalmente alimenticios o medicinales e incrementándose en otros de carácter suntuario o prescindible.

Dentro del marco de las disposiciones, se han establecido algunas excepciones para ciertos productos, como así también la elevación del porcentaje en un cincuenta por ciento para aquellos compradores que no figuran inscriptos como contribuyentes de dicho impuesto.

Su recaudación se realiza por vía de compensación entre el impuesto que el vendedor debe tributar sobre la venta de los productos gravados y el impuesto que le es facturado por las compras, también gravadas, que realiza a sus proveedores.

Registro de facturas o documentos equivalentes

La AFIP, órgano encargado de la recaudación del Impuesto al Valor Agregado, ha establecido la obligatoriedad de registrar toda factura de venta o de compra y sus documentos equivalentes (notas de débito, de crédito, tickets de máquina registra- dora, etc.) en libros cuyas columnas permitan el análisis de los productos gravados y no gravados y la identificación precisa, en cada caso, del comprador o vendedor.

A tal efecto, se ha generalizado el uso de registros tabulados, comúnmente llamados Subdiario de Ventas y Subdiario de Compras, cuyos modelos exponemos en la página siguiente.

De ambos han de surgir, en forma independiente, los dos aspectos en que se funda la liquidación y el pago de este impuesto:

- Crédito fiscal, o sea el monto del impuesto que ha sido facturado por compra de mercaderías.
- Débito fiscal, o sea el monto del impuesto que la empresa factura por la venta de mercaderías a sus compradores o clientes.

Posición mensual

A los fines de compensar ambos montos, los del crédito fiscal y los del débito fiscal, se efectúa mensualmente un cotejo de los mismos que se denomina posición mensual y representa la situación en que se encuentra el contribuyente frente al fisco.

Si sus débitos mensuales son mayores que los créditos por igual período, es deudor del Fisco y deberá depositar la suma resultante de la diferencia entre ambos.

Si sus créditos son mayores que sus débitos, en el período mensual considera- do, posee un saldo a su favor, compensable en el o los períodos siguientes.

Contabilización del impuesto

En realidad, los créditos fiscales constituyen un anticipo del impuesto que es facturado por el proveedor; igual carácter asume el saldo que resulte de la posición mensual cuando éste sea a favor de la AFIP (Administración Federal de Impuestos).

Con el fin de observar la forma en que se efectúa la contabilización de tales créditos, supongamos la recepción de una factura por mercaderías sujeta a dicho impuesto por valor de $ 10.000 y cargo por impuesto del veintiuno por ciento correspondiente al valor agregado.

MERCADERÍAS	10.000	
CRÉDITO FISCAL I.V.A.	2.100	
a ACREEDORES		12.100
Por la compra de mercaderías		

La cuenta Crédito Fiscal IVA actúa en igual forma que la cuenta Anticipo Impues- tos y en oportunidad de fijar la posición mensual se compensará con los débitos que correspondan por ventas efectuadas sujetas al impuesto.

Así, por ejemplo, si las mercaderías anteriores hubieran sido vendidas en la suma de $ 15.000 deberíamos cargar al comprador la suma de $ 3.150 (21% de $ 15.000) que constituiría nuestro débito fiscal registrable de la siguiente forma:

DEUDORES	18.150	
a VENTAS		15.000
a DÉBITO FISCAL I.V.A.		3.150
Por la venta de mercaderías		

La posición mensual surge de las contabilizaciones anteriores de esta manera:

Débito fiscal I.V.A. del mes	3.150
Crédito fiscal I.V.A. del mes	2.100
Saldo a favor de AFIP	1.050

Cuyo saldo a favor de AFIP deberá ser depositado al mes siguiente del que corresponda; en caso que existiera un saldo a favor del contribuyente el mismo se considerará como anticipo del mes siguiente.

Cualquier diferencia existente entre el saldo que hubiere a fin del ejercicio entre el valor contabilizado y el saldo real, motivado por errores de cálculo o en alguna de las posiciones mensuales será ajustado por medio de alguno de los siguientes asientos:

DÉBITO FISCAL I.V.A. **a PÉRDIDAS Y GANANCIAS** Por I.V.A. liquidados de menos en la venta de mercaderías.		

PÉRDIDAS Y GANANCIAS **a DÉBITO FISCAL I.V.A.** Por I.V.A. liquidados de más en la venta de mercaderías		

CRÉDITO FISCAL I.V.A. **a PÉRDIDAS Y GANANCIAS** Por I.V.A. que nos fuera liquidado de más en la compra de mercaderías		

EJERCICIOS DE AUTOEVALUACIÓN

Créditos

1) ¿Qué CUENTA debita en una venta de MERCADERÍAS a PLAZO?
2) ¿Qué CUENTA acredita en el COBRO de una VENTA A PLAZO?
3) ¿Qué CUENTA acredita en una DEVOLUCIÓN DE MERCADERÍAS vendidas a PLAZO?
4) ¿Qué CUENTAS debita en una DEVOLUCIÓN DE MERCADERÍAS vendidas a PLAZO?
5) ¿Qué CUENTA debita para contabilizar un DESCUENTO POR PRONTO PAGO A UN CLIENTE?
6) ¿Qué CUENTA debita para contabilizar la RECEPCIÓN DE UN PAGARÉ de un CLIENTE?
7) ¿Qué CUENTA debita para contabilizar la RENOVACIÓN DE UN PAGARÉ de un CLIENTE mediante la entrega de otro PAGARÉ por igual valor?
8) ¿Qué CUENTA debita para contabilizar el COBRO DE UNA VENTA a plazo mediante un cheque recibido del cliente?
9) ¿Qué cuenta utilizaría para registrar los saldos de deudores que no han sido satisfechos al vencimiento o más allá del vencimiento del plazo acordado para su cancelación?
10) ¿Qué cuenta utilizaría para registrar los saldos de deudores que no han sido satisfechos al vencimiento y que no obstante las tratativas para lograr su cumplimiento el deudor no ha satisfecho la deuda obligando a la empresa a iniciar acciones judiciales para obtener su cobro?
11) ¿Qué cuenta utilizaría para registrar los saldos de deudores que no han sido satisfechos al vencimiento y que pese a las acciones judiciales y extrajudiciales realizadas para obtener su cobro ha sido imposible recuperar dicha deuda?
12) ¿Qué cuenta utiliza para registrar los créditos de clientes que sean imposibles de cobrar?
13) Qué cuenta utiliza para registrar los saldos de clientes vencidos y no cobrados?
14) ¿Qué cuenta utiliza para registras los saldos de clientes vencidos que hayan sido reclamados por vía judicial o extrajudicial?

Bienes de Cambio

1) ¿Qué MÉTODO se aplica cuando se llevan FICHAS por cada uno de los artículos de venta?
2) ¿Qué CUENTAS debita en una DEVOLUCIÓN de mercaderías vendidas a plazo?
3) ¿Qué CUENTA debita para contabilizar un DESCUENTO POR PRONTO PAGO a un cliente?
4) ¿Qué resultado ha existido en las operaciones realizadas si la cuenta VENTAS tiene un saldo acreedor de $ 80.000 y la cuenta COSTO DE VENTAS tiene un saldo deudor de $ 90.000?
5) Si del recuento físico realizado surge la existencia de mercaderías por valor de compra de $ 50.000 y el saldo de la cuenta MERCADERÍAS tiene un saldo deudor de $ 70.000 ¿qué ajuste debería realizarse?
6) ¿Qué CUENTAS debita en una DEVOLUCIÓN de mercaderías vendidas a plazo?
7) ¿Qué CUENTA debita para contabilizar un DESCUENTO POR PRONTO PAGO a un cliente?
8) ¿Qué resultado ha existido en las operaciones realizadas si la cuenta VENTAS tiene un saldo acreedor de $ 80.000 y la cuenta COSTO DE VENTAS tiene un saldo deudor de $ 90.000?

a. Completar el dato faltante en cada uno de los casos que se indican a continuación:

Caso	Inventario inicial	Inventario final	Compras	Costo
A	?	100.000	30.000	120.000
B	300.000	200.000	?	130.000
C	250.000	?	40.000	90.000
D	280.000	140.000	100.000	?

b. Si del recuento físico realizado surge la existencia de mercaderías por valor de compra de $ 50.000 y el saldo de la cuenta MERCADERÍAS tiene un saldo deudor de $ 70.000 ¿qué ajuste debería realizarse?

Registre el asiento correspondiente a la operación anterior en el libro DIARIO.

c. Teniendo en cuenta el siguiente movimiento observado en la cuenta MERCADERÍAS

Día	Operación	Unidades	P.U.	Importe
	Inventario inicial	1.000	25	25.000
1	Compra	300	12	3.600
4	Venta	700	20	1.400
10	Compra	600	14	8.400
18	Venta	1.000	25	25.000
24	Venta	200	20	4.000
30	Compra	500	15	7.500

Determinar el valor del inventario final con el método permanente y por el método global.

CAPÍTULO 16

Operaciones previas al balance general (Parte cuarta)

CARGOS DIFERIDOS

Los cargos diferidos son desembolsos o pagos efectuados por servicios ya recibidos, que beneficiarán a la empresa durante varios ejercicios económicos o durante toda la vida de la empresa y debe ser amortizados durante el período en que se reciben los servicios o se causen los costos o gastos.

Son, asimismo, gastos pagados por anticipado y que no son susceptibles de ser recuperados, por la empresa, en ningún momento.

Entre ellos podemos incluir los Gastos de Organización, los Gastos de Propaganda, los Gastos de Constitución, los Gastos de Investigación, los Gastos de Explotación, las Mejoras de la Propiedad Arrendada, etc.

Mantenimiento de la individualidad del ejercicio

El supeditar la obtención de informaciones a un período de tiempo limitado, generalmente a un año, denominado ejercicio económico, tiene por objeto obtener una unidad comparativa de información respecto de otros ejercicios económicos, anteriores y/o posteriores, que han de resultar de suma utilidad para tomar decisiones, tanto por los responsables de su gestión como terceros vinculados a una determinada empresa.

De allí que una de las operaciones previas a la formalización de un balance consista en determinar con precisión si han sido considerados todos los gastos e ingresos correspondientes a ese ejercicio económico o si algunos de ellos tomados como tales no corresponden al ejercicio económico que se trata, de manera tal que el resultado que se obtenga responda a la realidad económica.

Principios del devengado y del realizado

Sin duda alguna, uno de los elementos a tener en cuenta para corroborar esas precisiones es el método utilizado para la contabilización de gastos e ingresos, dado que los principios generalmente aceptados en Contabilidad consideran dos procedimientos, entre los más utilizados, que son:

DEVENGADO	Este principio general se refiere a las formas de establecer el resultado económico y significa que los gastos e ingresos deben considerarse que competen al ejercicio, sin tener en cuenta su cobro o su pago en el mismo ejercicio. Por ello, es preciso distinguir, en consecuencia, lo que es pago o cobro en efectivo de lo que es gasto o ingreso. Las contabilidades que se llevan por este sistema producen estados que deben ser ajustados para incorporar los gastos aún no pagados y los ingresos aún no cobrados del ejercicio: por lo tanto, deben eliminarse del estado de resultados los pagos y cobros que correspondan a otros ejercicios (anteriores o posteriores). Se incluye en este concepto todo ajuste que deba efectuarse por la parte del costo de los bienes de uso utilizado en el ejercicio, como así también la amortización de cualquier desembolso que afecte a varios ejercicios económicos.
REALIZADO	En términos generales, bajo este método se entiende que tanto los ingresos como los pagos corresponden al ejercicio en el cual fueron percibidos o pagados.

Gastos anticipados y pendientes de pago

En el lenguaje contable, gasto producido equivale a decir gasto devengado, indicando con dicho término el momento o período en que el gasto configura una pérdida para la empresa, dado que la diferencia de tiempo entre la fecha en que el gasto es devengado y aquella en que se produce su pago, puede alterar las cifras de un balance, sobre todo cuando dichos hechos se producen en ejercicios económicos distintos.

O sea que un gasto determinado puede:

- ·Pagarse en el mismo ejercicio en que se produce.
- ·Producirse en el ejercicio y pagarse en el próximo ejercicio.

En cuyo caso:

- ·Si fue pagado en el ejercicio anterior es un gasto anticipado.
- ·Si será pagado en el ejercicio próximo será un gasto pendiente de pago.

Pasaremos a considerar a continuación y en particular cada uno de los casos citados.

Gastos del ejercicio pagados en el mismo ejercicio

Lo general, en la práctica contable, es que la contabilización de los gastos sea simultánea con su pago; por lo tanto, tratándose de un gasto del ejercicio abonado en el mismo constituye una pérdida que incide en forma directa en sus resultados, sin necesidad de ajuste alguno.

Gastos anticipados

Es el caso de pagar gastos durante el ejercicio que corresponden afectar a los resultados del ejercicio siguiente; tal sería el caso de que hubiéramos abonado por adelantado intereses correspondientes a un período que excede el ejercicio en que se efectúa el pago.

Por ejemplo, si se tratara de un ejercicio económico que cerrara el 31 de diciembre y hubiéramos abonado antes de su cierre los intereses de una deuda del o de los meses próximos.

Ejemplo

Supongamos una empresa que practica su balance general el 31 de diciembre y que en el mes de diciembre hubiera abonado intereses por $ 60.000 que cubren el período de diciembre a mayo del próximo año inclusive.

El pago será contabilizado así:

INTERESES PERDIDOS	60.000	
a CAJA		60.000
Por el pago de intereses sobre el préstamo efectuado por el señor Fernández		

Ahora bien, dado que entre las operaciones previas a realizar con motivo del balance general se encuentra aquellas tendientes a mantener la individualidad del ejercicio, analizaremos el pago de intereses efectuado en ese período, imputándolo a los ejercicios que correspondan.

Así tendremos que el ejercicio que concluye el 31 de diciembre deberá absorber la proporción equivalente a un mes del pago de los intereses, y los cinco meses restantes serán soportados por el ejercicio siguiente.

Este ejercicio - 1 mes, o sea la suma de	$ 10.000
Próximo ejercicio - 5 meses, o sea la suma de	$ 50.000
	$ 60.000

Deberemos proceder entonces a disminuir la pérdida contabilizada por tal concepto en el asiento transcripto más arriba en la proporción que debe soportar el ejercicio siguiente.

Para ello utilizaremos la cuenta Gastos Anticipados, que tendrá por objeto representar un cargo que le efectuamos al próximo ejercicio, según puede verse en el asiento siguiente:

GASTOS ANTICIPADOS	50.000	
a INTERESES PERDIDOS		50.000
Para transferir al próximo ejercicio la parte proporcional de los intereses abonados en el presente ejercicio		

Gastos pendientes de pago

El cierre del ejercicio contable constituye para el comerciante una fecha a la cual debe establecer no sólo lo que posee, sino también lo que debe.

Dado que en la práctica contable la contabilización de los gastos es, generalmente, simultánea con su pago, puede suceder que algunos de ellos, a la fecha de cierre del ejercicio, permanezcan impagos y, consecuentemente, no contabilizados; ello ocurre habitualmente con los gastos derivados de los servicios (eléctrico, gas, teléfono, etc.)

A efectos de mantener el principio de considerar en cada ejercicio todos sus gastos, deberá procederse a contabilizar aquellos que se encuentren en tales condiciones a fin de proceder a registrar la parte del gasto correspondientes al ejercicio que se cierra, acreditando el importe correspondiente a dicha deuda que represente el compromiso de hacerlo efectivo del ejercicio siguiente como si se tratara de una factura pagadera a un plazo posterior al cierre del ejercicio.

Ejemplo:

Supongamos que no se hubiese contabilizado a la fecha del balance al 31-12, la factura de luz por $ 500 del mes de diciembre.

LUZ y FUERZA MOTRIZ **a GASTOS A PAGAR** Para contabilizar el consumo de luz del presente mes	500	
		500

Ingresos anticipados y pendientes de cobro

En igual forma que los gastos, todo ingreso puede presentar diferencias entre el momento en que se produce o devenga y el que se efectúa su cobro, dando lugar a situaciones similares a las de los gastos:

O sea que un ingreso del ejercicio puede:

- ·Cobrarse en el mismo ejercicio.
- ·Pertenecer a un determinado ejercicio y no haberse cobrado en el curso del mismo, en cuyo caso:

1. Ha sido cobrado en el ejercicio anterior (ingreso anticipado).
2. Su cobro se realizará en el ejercicio próximo (ingreso pendiente de cobro).

Veamos a continuación dichos casos.

Ingresos cobrados en el mismo ejercicio

Generalmente, la contabilización de los ingresos es simultánea con su cobro por lo cual un ingreso percibido en el ejercicio constituye una ganancia que incidirá en los resultados de la empresa; por lo tanto, su registro en la cuenta correspondiente de resultados la exime de todo ajuste en el momento de realizar el balance general.

Ingresos anticipados

Dicho concepto se refiere a aquellos ingresos percibidos durante un ejercicio pero que corresponde al siguiente ejercicio.

Tal el caso, por ejemplo, del cobro de alquileres correspondiente a un período que excede el ejercicio en el cual es percibido.

Ejemplo:

Una empresa que cierra su balance el 31 de diciembre ha percibido en este último mes la suma de $ 60.000 en concepto de alquileres por el período diciembre- febrero (a razón de $ 20.000 por mes).

El cobro en dinero efectivo será contabilizado así:

CAJA	60.000	
a ALQUILERES COBRADOS		60.000
Por el cobro de alquileres del presente mes		

En caso que el Balance General de la empresa se practique al 31 diciembre dicho año debemos ajustar dicha situación transfiriendo al próximo ejercicio los alquileres de los meses de enero y febrero que le corresponden, en base al siguiente asiento:

ALQUILERES COBRADOS	40.000	
a INGRESOS ANTICIPADOS		40.000
Para transferir al próximo ejercicio alquiler cobrados por adelantado		

Ingresos pendientes de cobro

En tal caso el primer asiento del ejemplo anterior el ingreso de dinero efectivo representado por la cuenta CAJA sería reemplazado por el crédito a cobrar en el próximo ejercicio y su registro sería de la siguiente forma:

ALQUILERES A COBRAR	60.000	
a ALQUILERES COBRADOS		60.000
Para registrar alquileres del presente ejercicio devengados a fin de mes y no percibidos		

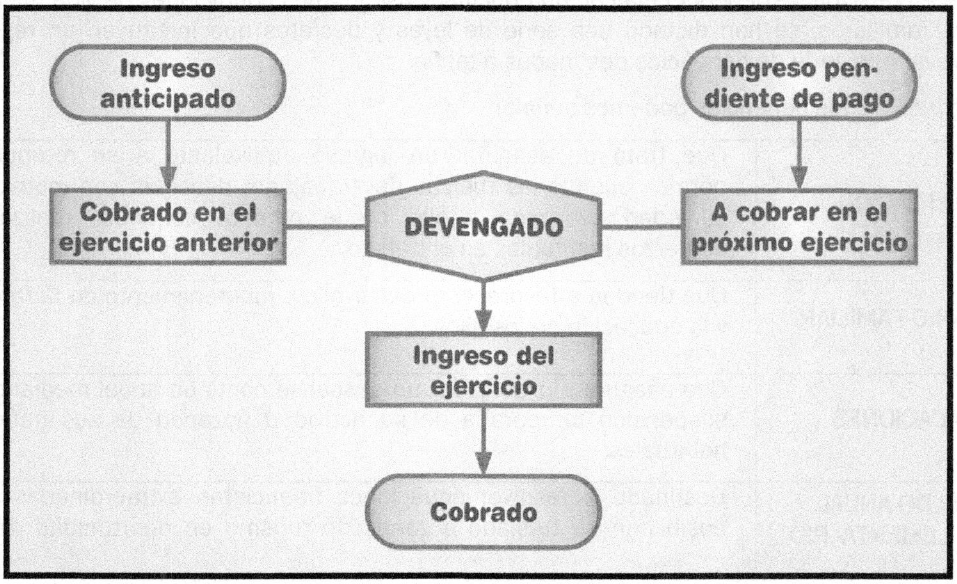

REMUNERACIONES

Régimen actual

Las funciones que desarrolla el personal en relación de dependencia de una empresa son retribuidas por esta mediante una suma de dinero denominada sueldo o jornal, según que el pago de la misma se estipule en forma mensual, o diaria u horaria respectivamente.

Dicha retribución puede ser pactada:

1. Por mutuo acuerdo ente las partes (trabajador y empleador).
2. Por escalas de retribución que rigen de acuerdo con el ramo en que actúan (convenios colectivos de trabajo).

La retribución pactada por mutuo acuerdo entre las partes es común cuando se trata de la contratación de personas con cierta especialización o experiencia, o por cortos períodos de tiempo, y su monto se encuentra supeditado a la oferta y demanda de tales agentes o a circunstancias particulares, tanto de la empresa como del trabajador.

En lo que respecta a trabajadores sin especialización o experiencia y en forma permanente, a efectos de proteger el desnivel económico que puede resultar de las tratativas previas a la contratación, las entidades gremiales y las patronales convienen niveles de remuneración mínimos en atención a cada actividad, celebrando convenios de trabajo que ambas partes respetan.

Estos convenios se renuevan periódicamente y se adecuan al costo de vida actualizado.

Sin perjuicio de ello se establece, en forma general, una retribución mínima para todos los trabajadores que todos los empleadores deben respetar.

Cargas sociales e indemnizaciones

Pactada la retribución, ya sea la mínima, por mutuo acuerdo entre las partes u obedeciendo a niveles mínimos de remuneración dispuestos por los convenios colectivos de trabajo, las relaciones entre la empresa y el trabajador deben subordinarse a una serie de disposiciones legales que las regulan y, que al mismo, tiempo incrementan o disminuyen la retribución neta a percibir.

Efectivamente, con el objeto de proteger la situación de todos aquellos que prestan servicios personales en relación de dependencia con un principal y asegurarles condiciones de vida mínimas para ellos y sus familiares, se han dictado una serie de leyes y decretos que instituyen un régimen que permite prever una serie de beneficios destinados a tal fin.

Dentro de dichos beneficios podemos señalar

JUBILACIÓN	Que trata de asegurar un ingreso equivalente a su retribución normal, cuando las fuerzas del trabajador decaigan con motivo de su edad avanzada y ello no le permita continuar realizando esfuerzos habituales en el trabajo.
SALARIO FAMILIAR	Que tienden a favorecer el desarrollo y mantenimiento de la familia y la educación de los hijos.
VACACIONES	Que asegura al trabajador un descanso continuo anual mediante la suspensión temporaria de su actividad gozando de sus haberes habituales.
SUELDO ANUAL COMPLEMENTA- RIO	Destinado a resolver situaciones financieras extraordinarias que posibiliten su traslado a zonas de turismo en oportunidad de su

	descanso anual o cubrir otras necesidades acumuladas.
ACCIDENTES O ENFERMEDADES	Que le permiten gozar de sus haberes habituales o le otorgan una indemnización especial en caso de presentación de estos eventos.
DESPIDO	Que brinda la estabilidad necesaria en sus relaciones con el principal de quien depende, imponiéndole a éste ciertos cargos en caso de ruptura arbitraria del vínculo que los une.

Para el sostenimiento del sistema que permita brinda tales beneficios, las leyes pertinentes han instituido un régimen económico basado en la participación de los empleados y/o empleadores, mediante aportes y/o contribuciones que se efectúan en oportunidad en que se liquidan las retribuciones normales, en algunos casos, y en otros cuando se hacen efectivo algunos de dichos beneficios.

La naturaleza y el carácter de algunos de los beneficios mencionados configura una carga exclusiva para el principal, quien es en esos casos el único que soporta el peso de su financiación.

En otros casos, tanto empleador como dependiente aportan cada uno por su lado, para el sostenimiento de las instituciones dadoras de alguno de los beneficios sociales antes mencionados.

Tanto la contribución del personal dependiente como el aporte del patrono se encuentran representados por un porcentaje sobre la retribución asignada a aquél; los vigentes al cierre de esta edición para los beneficios señalados, constan en la siguiente tabla:

	Contribuciones del personal	Aportes del empleador	Totales
JUBILACIÓN	11%	16%	27%
OBRAS SOCIALES	3%	5%	8%
SALARIO FAMILIAR		9%	9%
FONAVI (Ley 19032) *	17%	33%	50%
* Estas contribuciones y aportes son destinados al otorgamiento de préstamos para la vivienda de los trabajadores.			

Clasificación de las retribuciones

El estudio de las distintas remuneraciones a favor del dependiente nos permite agruparlas de acuerdo a su naturaleza y en función del momento en que se procede a su liquidación y/o pago en la siguiente clasificación:

INMEDIATAS	Son las que se liquidan en forma periódica, generalmente mensual o quincenal, constituyen el recurso normal del empleado u obrero (sueldo o jornal) y pueden ser: • Básicas o brutas, que es la retribución asignada sobre la cual se calculan los aportes a los beneficios sociales (del patrón y del empleado).

	• Netas, que son llamadas de bolsillo pues son las que perciben los dependientes en el momento de su cobro y que resulta de deducir a} de la retribución bruta las retenciones que se efectúan al personal por la contribución que les corresponde para el sostenimiento del sistema social.
DIFERIDAS	Constituyen aquellos conceptos que incrementan la retribución básica; se calculan sobre la misma pero su pago se realiza en determinadas fechas del año (caso vacaciones y sueldo anual complementario).
CIRCUNSTANCIALES	Las que se otorgan al empleado por acontecimientos extraordinarios e imprevisibles que le impiden continuar prestando sus servicios pero que obligan al empleador a seguir realizando el pago de la remuneración habitual o algún tipo de indemnización (caso accidentes, enfermedades, despidos, etc.).

Liquidación de las retribuciones

Con el fin de determinar periódicamente el monto de la retribución que el patrón debe abonar al dependiente, se procede a llevar a cabo la llamada liquidación de haberes; de ella deben deducirse (retenerse) las contribuciones a cargo de éste último y, a su vez, calcularse los aportes que corresponden abonar al empleador y que están destinados al sistema social.

La liquidación de las retribuciones y las características de los factores que en ella intervienen (retribución básica, retenciones y retribución neta) obligan a considerar su registraron contable como una operación indivisible.

El siguiente esquema nos permitirá observar este proceso, tan importante como base de registro de esta operación en los registros de la empresa; en dicho esquema podemos observar cómo se representa cada uno de los conceptos indicados.

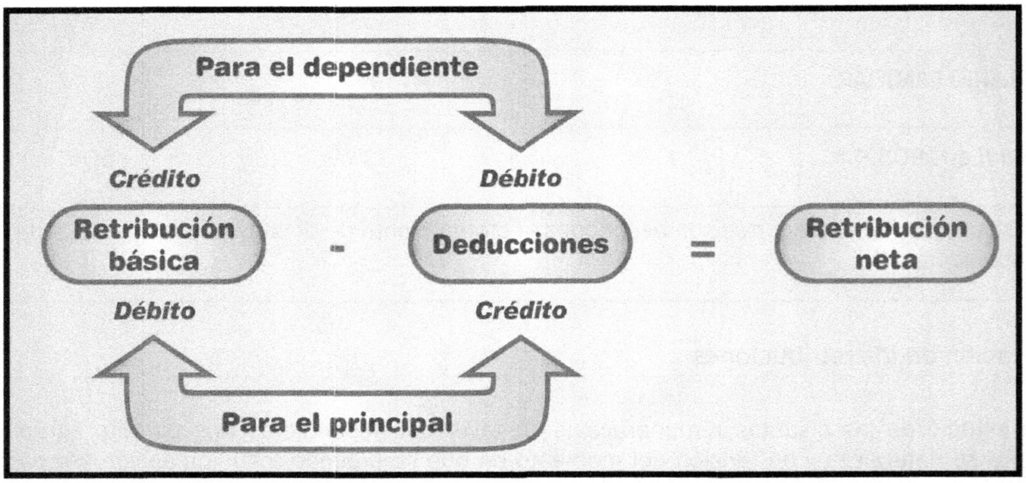

Existe uno de los beneficios que, generalmente, perciben casi todos los trabajadores, solteros o casados con o sin hijos, cuyos montos dependen de las cargas de familia que tengan, cual es el salario familiar.

Por lo tanto, la retribución neta se ha de incrementar en el valor de dicho beneficio con el fin de obtener un salario de bolsillo mayor.

Por ello, completaremos el esquema anterior considerando el salario familiar y la incidencia de los aportes y contribuciones en la cuenta de las instituciones a las cuales se realizan esos aportes.

Ese mecanismo de la operatoria de liquidación de haberes obligará, entonces, a realizar dos tipos de registraciones, por medio de los siguientes asientos:

1. El de la liquidación de los haberes propiamente dicha (asiento básico).
2. El del cálculo de los aportes y contribuciones a favor de las instituciones sociales (asiento complementario).

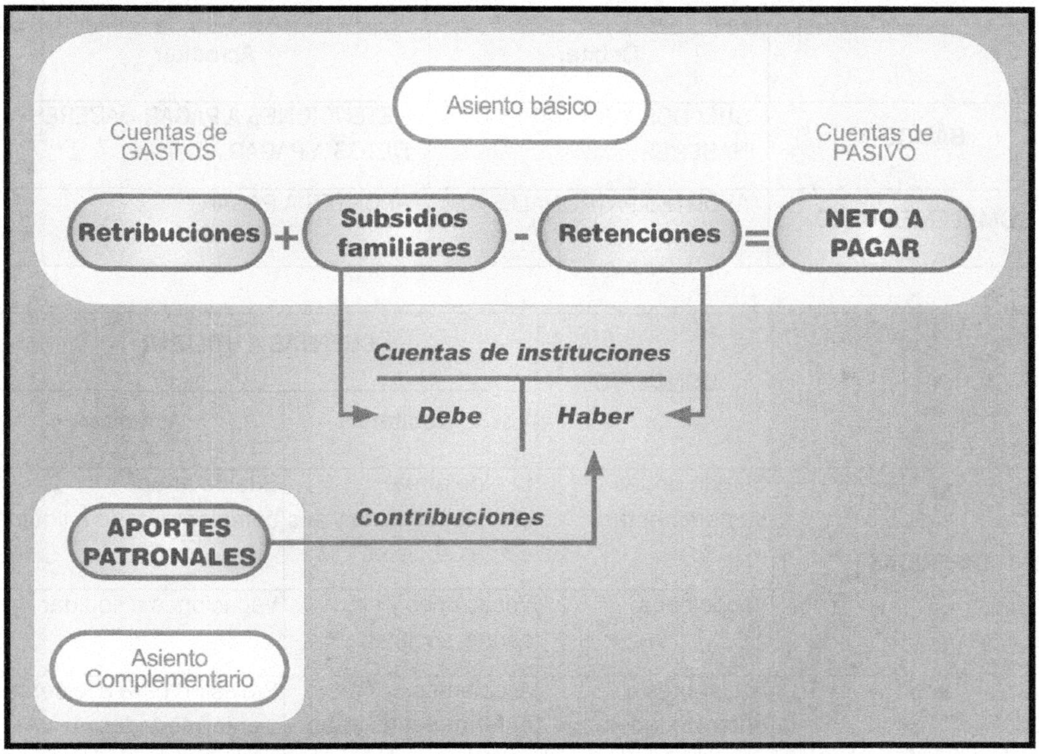

En el esquema precedente hemos analizado el proceso de liquidación de haberes referido a un trabajador; en consecuencia, esa liquidación debe realizarse por cada uno de ellos que preste servicios en la misma.

De allí que tales liquidaciones se realicen a través de una planilla que permita realizar una sola contabilización o registro la cual contenga todos los datos necesarios para su registro.

Asientos básico y complementario

Analicemos a continuación como debe estructurarse el asiento básico y el complementario.

	Debitar	Acreditar
BÁSICO	Las cuentas que reciben débitos por remuneraciones básicas. Las cuentas que representan el salario familiar a favor del personal.	Las retenciones al personal dependiente a favor de las instituciones sociales. La retribución neta o salario de bolsillo
COMPLEMENTARIO	Las cuentas que reciben el débito por el gasto que representan los aportes patronales.	Los aportes del empleador a las instituciones sociales.

En las retribuciones diferidas y circunstanciales, dado que su monto depende de liquidaciones realizadas por retribuciones inmediatas y su pago se realiza con posterioridad a la fecha en que ellas se devengan (momento que el gasto se produce), dan lugar al registro de una reserva o previsión a cuyo efecto se utilizan las siguientes cuentas para cada uno de dichos conceptos:

CUENTAS A UTILIZAR		
	Debitar	**Acreditar**
BÁSICO	SUELDOS Y JORNALES O HABERES	RETENCIONES A PAGAR HABERES NETOS A PAGAR
COMPLEMENTARIO	APORTES PATRONALES	APORTES A PAGAR

	CONCEPTO	**CUENTAS A UTILIZAR**	
		Debitar	**Acreditar**
DIFERIDAS	Sueldo anual complementario	Sueldo anual complementario y sus cargas sociales	Sueldo anual complementario a liquidar
	Vacaciones	Vacaciones y sus cargas sociales	Vacaciones a liquidar
CIRCUNSTANCIALES	Accidentes o enfermedades	Accidentes o enfermedades y sus cargas sociales	Previsión para accidentes y enfermedades
	Despidos	Indemnización por despido y sus cargas sociales	Previsión para despidos

Cuando las remuneraciones diferidas o circunstanciales sean liquidadas para su pago, se confeccionarán los asientos básico y complementario en forma similar al que se realiza periódicamente para las remuneraciones inmediatas.

En dicha oportunidad, se utilizarán cuentas de gastos, cuentas de movimiento y cuentas de pasivo para registrar el gasto correspondiente.

El siguiente esquema contempla tanto las retribuciones diferidas como las circunstanciales.

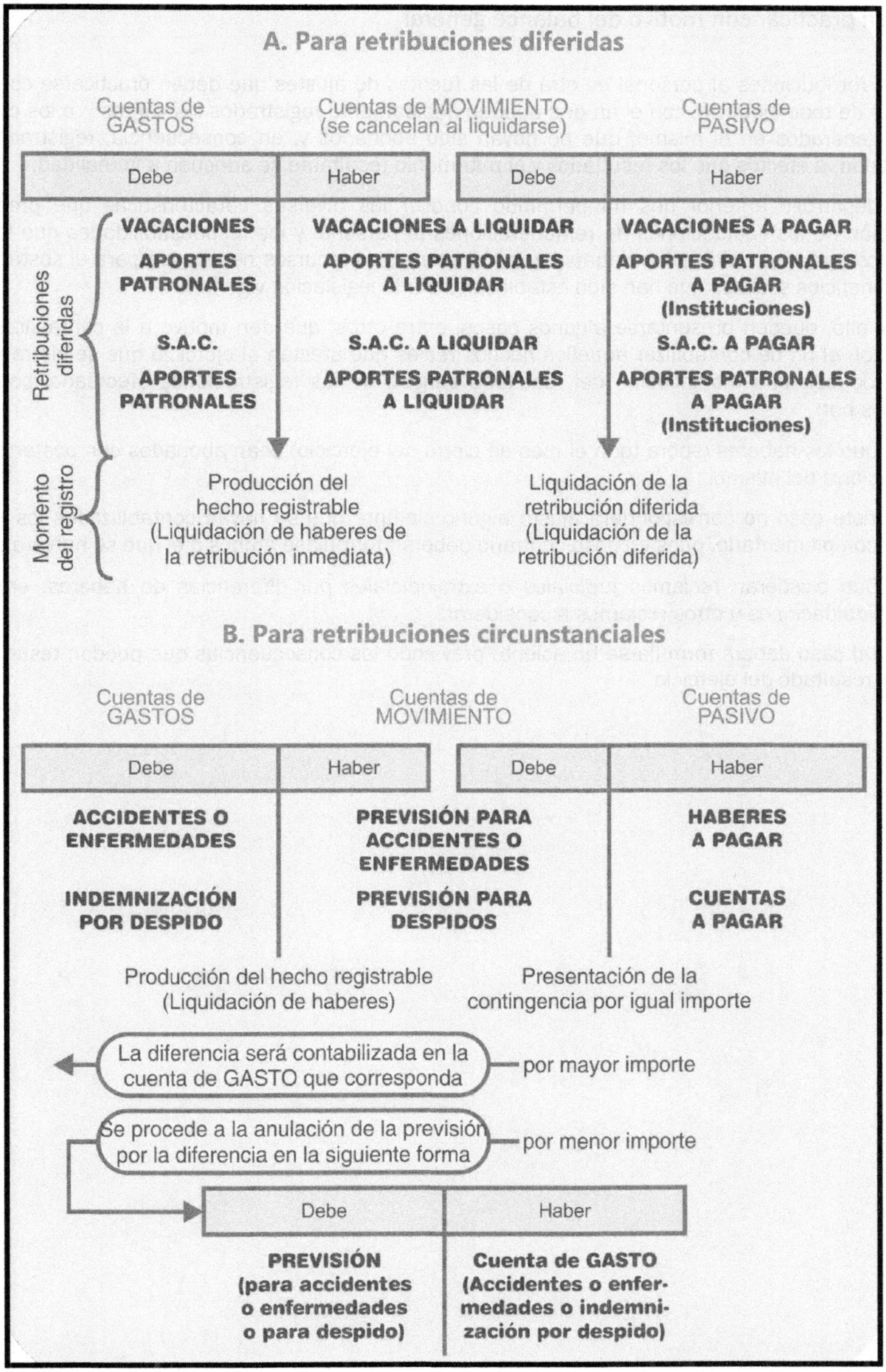
A. Para retribuciones diferidas
Cuentas de GASTOS
Cuentas de MOVIMIENTO (se cancelan al liquidarse)
Cuentas de PASIVO
Debe
Haber
Debe
Haber
Retribuciones diferidas
VACACIONES
VACACIONES A LIQUIDAR
VACACIONES A PAGAR
APORTES PATRONALES
APORTES PATRONALES A LIQUIDAR
APORTES PATRONALES A PAGAR (Instituciones)
S.A.C.
S.A.C. A LIQUIDAR
S.A.C. A PAGAR
APORTES PATRONALES
APORTES PATRONALES A LIQUIDAR
APORTES PATRONALES A PAGAR (Instituciones)
Momento del registro
Producción del hecho registrable (Liquidación de haberes de la retribución inmediata)
Liquidación de la retribución diferida (Liquidación de la retribución diferida)
B. Para retribuciones circunstanciales
Cuentas de GASTOS
Cuentas de MOVIMIENTO
Cuentas de PASIVO
Debe
Haber
Debe
Haber
ACCIDENTES O ENFERMEDADES
PREVISIÓN PARA ACCIDENTES O ENFERMEDADES
HABERES A PAGAR
INDEMNIZACIÓN POR DESPIDO
PREVISIÓN PARA DESPIDOS
CUENTAS A PAGAR
Producción del hecho registrable (Liquidación de haberes)
Presentación de la contingencia por igual importe
La diferencia será contabilizada en la cuenta de GASTO que corresponda
por mayor importe
Se procede a la anulación de la previsión por la diferencia en la siguiente forma
por menor importe
Debe
Haber
PREVISIÓN (para accidentes o enfermedades o para despido)
Cuenta de GASTO (Accidentes o enfermedades o indemnización por despido)

Ajustes a practicar con motivo del balance general

Las retribuciones al personal es otra de las fuentes de ajustes que deben practicarse con motivo del cierre de todo ejercicio, con el fin que queden debidamente registrados los cargos y/o los créditos o deudas generados en el mismo, que no hayan sido abonados y, en consecuencia, registrados en la Contabilidad, a efectos que los resultados y el patrimonio resultante se adecuen a la realidad.

El desarrollo anterior nos ha permitido conocer las diversas características que presenta la registración de las liquidaciones de remuneraciones al personal y las responsabilidades que les cabe, tanto a los patronos como a los trabajadores, de aportar los recursos necesarios para el sostenimiento de los beneficios sociales que han sido establecidos por la legislación vigente.

Por ello, pueden presentarse algunos casos, entre otros, que den motivo a la contabilización de ajustes con el fin de contabilizar aquellos hechos reales que afectan al ejercicio que se cierra y, por lo tanto, producen una modificación del resultado surgido de las registraciones efectuada, sobre todo motivados por:

- Que los haberes (sobre todo el mes de cierre del ejercicio) sean abonados con posterioridad al cierre del mismo.

En este caso no corresponderá ajuste alguno siempre que se hayan contabilizados los asientos básico y complementario, pues en caso contrario deberán formulase ambos o el que se hubiera omitido.

- Que existieran reclamos judiciales o extrajudiciales por diferencias de haberes, errores en liquidaciones u otros reclamos a considerar.

En tal caso deberá formularse un asiento previendo las consecuencias que puedan resultar y que afecte el resultado del ejercicio.

EJERCICIOS DE AUTOEVALUACIÓN

Gastos e ingresos diferidos y anticipados

1) ¿Qué CUENTA debita al contabilizar un GASTO DEL PRÓXIMO EJERCICIO?
2) ¿Qué CUENTA debita al contabilizar una GASTO DEL EJERCICIO abonado en el EJERCICIO ANTERIOR?
3) ¿Qué CUENTA acredita para DIFERIR AL EJERCICIO SIGUIENTE UN GASTO del EJERCICIO pagado en dinero efectivo en este ejercicio?
4) ¿Qué CUENTA acredita para contabilizar un GASTO DE ESTE EJERCICIO abonado en el ANTERIOR?
5) ¿Qué CUENTA acredita para contabilizar un GASTO NO ABONADO en el EJERCICIO, pero devengado en el mismo?
6) Realizado un RECUENTO DE MERCADERÍAS resulta que es inferior al contabilizado ¿qué decisión adopta?
7) ¿Qué CUENTA acredita al contabilizar un INGRESO DEL PRÓXIMO EJERCICIO?
8) ¿Qué CUENTA debita al contabilizar un INGRESO COBRADO EN EL EJERCICIO ANTERIOR? ¿Qué CUENTA acredita para DIFERIR un INGRESO DEL PRÓXIMO EJERCICIO cobrado en el presente ejercicio?
9) ¿Qué CUENTA acredita para contabilizar un INGRESO DE ESTE EJERCICIO cobrado en el ANTERIOR?

Remuneraciones

Marcar con una X en la columna que corresponda la opción que considera correcta como respuesta a la pregunta formulada

	1	2	3	4	5
¿Qué cuenta utiliza para contabilizar monto a abonar por HABERES liquidados al personal periódicamente?					
¿Qué cuenta utiliza para contabilizar los APORTES PATRONALES que debe realizar la empresa por los HABERES liquidados al personal periódicamente?					
¿Qué cuenta utiliza para contabilizar los importes descontados al personal en el momento de la liquidación de haberes?					

Opciones

1 HABERES
2 CARGAS SOCIALES
3 SALARIO FAMILIAR
4 RETENCIONES AL PERSONAL
5 HABERES NETOS A PAGAR

Marcar con una X en la columna que corresponda la opción que considera correcta como respuesta a la pregunta formulada

	1	2	3	4	5
¿Cómo se denominan los haberes asignados al personal y que sirven de base para la liquidación periódica de haberes?					
¿Cómo se denominan aquellos importes que el patrón deduce al personal para atender el pago de las cargas sociales a cargo de éste último?					
¿Cómo se denominan aquellos montos que el patrón debe liquidar a las instituciones correspondientes por las cargas sociales a su cargo?					
¿Cómo se denomina al monto que se debe abonar al personal junto con la liquidación de haberes para atender a los familiares a su cargo?					

CAPÍTULO 17

El balance de fin de ejercicio

EL BALANCE DE FIN DE EJERCICIO

Introducción

Una vez verificadas las operaciones registradas y su pase a las cuentas respectivas y realizados los ajustes esenciales a las mismas con el fin de adecuar sus saldos a la realidad, surgida de los recuentos y verificaciones realizadas en materia de disponibilidades (arqueos de caja y conciliaciones bancarias), de bienes de uso (amortizaciones), de créditos (estado de cobrabilidad), de los bienes de cambio (verificación con las existencias y valores atribuibles a las mismas) y los gastos e ingresos que correspondan al ejercicio que se cierra (anticipados, diferidos y pendientes de pago o cobro), estamos en condiciones de llevar a cabo las operaciones finales para obtener los resultados habidos y el estado del patrimonio del negocio o empresa, por medio de estados contables.

Esas operaciones finales son también de carácter numérico y tienen por fin realizar una presentación de las mismas coordinando todos los elementos considerados, a fin de ofrecerla a quienes deben tomar decisiones, como así también informar a terceros sobre el estado de la empresa a la cual se refieren.

Ellas consisten en:

- Elaborar una Hoja de Trabajo que resuma las operaciones previas antes mencionadas para obtener el resultado habido y la situación patrimonial.
- Confeccionar los Estados Contables de la empresa (de Resultados y General).
- Proceder al cierre de los libros mediante la realización de:
1. Asientos de Refundición de Cuentas de Resultado
2. Asientos de Cierre de Libros
- Formular el Asiento de Reapertura de los libros para el próximo ejercicio.

Para ello partiremos de los saldos que arroja el Balance de Comprobación (sus dos últimas columnas) de una empresa en la ficción, que representamos así:

Balance de Saldos al 31 de diciembre		
Cuentas	**Deudores**	**Acreedores**
CAJA	5.000	
DEUDORES	20.000	
DOCUMENTOS A COBRAR	6.000	
MERCADERÍAS	80.000	

MUEBLES Y ÚTILES	10.000	
INSTALACIONES	20.000	
RODADOS	60.000	
GASTOS ANTICIPADOS	4.000	
ACREEDORES		15.000
CAPITAL		50.000
GASTOS A PAGAR		10.000
ALQ. COBRADOS POR ANTIC.		8.000
AMORTIZACIÓN ACUMULADA		27.000
PREVISIÓN PARA INCOBRABILIDAD		10.000
VENTAS		300.000
COSTO MERC. VENDIDAS	120.000	
SUELDOS	40.000	
GASTOS GENERALES	30.000	
FLETES Y ACARREOS	25.000	
Totales	**420.000**	**420.000**

Y, tendremos en cuenta los siguientes ajustes a practicar con el fin de adecuar los saldos de algunas cuentas a la realidad, según los recuentos practicados en los rubros Disponibilidades y Bienes de Cambio y los análisis y verificaciones realizadas en Bienes de Uso, Créditos y Gastos, considerando los siguientes:

Información adicional	
RECUENTO DEL DINERO EN CAJA	4.400
DEUDAS INCOBRABLES	5.000
EXISTENCIA DE MERCADERÍAS	74.000
AMORTIZACIONES NO CONTABILIZADAS	17.000
10% sobre MUEBLES Y ÚTILES	
20% sobre INSTALACIONES Y RODADOS	
GASTOS DEL EJERCICIO (Anticipados)	1.500
ALQUILERES DEL EJERCICIO (cobrados por anticipado)	3.000

Como observamos precedentemente en algunas cuentas del balance nos hemos referido a operaciones de ajuste de sus saldos al término de las registraciones habidas hasta el fin del ejercicio económico que tienen por objeto adecuarlas a la realidad surgida de los recuentos y las verificaciones realizadas, las cuales darán lugar a la elaboración de los registros correspondientes a los fines de modificar los respectivos saldos, mediante la confección de asientos en el Libro Diario como los siguientes:

DIFERENCIAS DE CAJA	600	
a CAJA		600
Para contabilizar el faltante de caja resultante del arqueo practicado en el día de la fecha.		

PREVISIÓN P/INCOBRABILIDAD	5.000	
a DEUDORES		5.000
Para contabilizar la incobrabilidad del deudor mencionado cuya previsión había sido constituida con anterioridad.		

COSTO DE VENTAS	6.000	
a MERCADERÍAS		6.000
Para ajustar la cuenta deudora de acuerdo al recuento realizado con motivo del balance general.		

AMORTIZACIONES	17.000	
a AMORTIZ. ACUMULADAS		17.000
Para contabilizar las siguientes amortizaciones sobre los Bienes de Uso: 10% s/Muebles y Útiles $ 10.000 = $ 1.000 20% s/Instalaciones $ 20.000 = $ 4.000 20% s/Rodados $ 60.000 = $12.000		

GASTOS GENERALES	1.500	
a GASTOS ANTICIPADOS		1.500
Para afectar al ejercicio gastos del mismo que fueron abonados el ejercicio anterior.		

ALQ. COBRADOS P/ANTICIPADO	3.000	
a ALQUILERES COBRADOS		3.000
Para afectar al ejercicio alquileres correspondientes al mismo cobrados el ejercicio anterior		

En tal sentido, los registros contables llevados por medio de computadoras o sistemas mecánicos de contabilización, cuentan en general, en sus programas, con un medio práctico, desarrollado hasta el presente manualmente, que simplifica el trabajo de rectificación del Balance de Comprobación de Sumas y Saldos con motivo de esos ajustes y facilita la confección de la denominada Hoja de Trabajo que reproducimos a continuación:

CUENTAS	Balance de Comprobación		AJUSTES		Estado de Resultados		Balance General	
	Debe	Haber	Debe	Haber	Debe	Haber	Debe	Haber
Caja	5.000			600			4.400	
Deudores	20.000			5.000			15.000	
Doc. a Cobrar	6.000						6.000	
Mercaderías	80.000			6.000			74.000	
Muebles y útiles	10.000						10.000	
Instalaciones	20.000						20.000	
Rodados	60.000						60.000	
Gtos. antic.	4.000			1.500			2.500	
Acreedores		15.000						15.000
Capital		50.000						50.000
Gastos a pagar		10.000						10.000
Alq. cob. p/antic		8.000	3.000					5.000
Amortiz. acum.		27.000		17.000				44.000
Prev. p/incob.		10.000	5.000					5.000
Ventas		300.000				300.000		
Costo ventas	120.000		6.000		126.000			
Sueldos	40.000				40.000			
Gtos. grales.	30.000		1.500		31.500			
Fletes y acarr.	25.000				25.000			
Alq. cobrados				3.000		3.000		
Amortizaciones			17.000		17.000			
Dif. de caja			600		600			
Subtotales	**420.000**	**420.000**	**33.100**	**33.100**	**240.100**	**303.000**	**191.900**	**129.00**
Result. (gcias.)					62.900			62.900
Totales	**420.000**	**420.000**	**33.100**	**33.100**	**303.000**	**303.000**	**191.900**	**191.90**

La Hoja de Trabajo que hemos transcripto precedentemente ha surgido de los de los saldos del Balance de Comprobación que nos ha servido de modelo y de los ajustes contabilizados posteriormente volcados a la misma para determinar los saldos definitivos de las cuentas de Resultado y Patrimoniales que nos servirán para practicar los Estados Contables respectivos.

Como puede observarse en la Hoja de Trabajo anterior el destino de las columnas ha sido el siguiente:

- Las dos primeras, utilizadas para transcribir los saldos del Balance de Comprobación de Sumas y Saldos, o sea los saldos de las cuentas del Mayor de Cuentas, al cierre del ejercicio.
- Las dos siguientes, para asentar los ajustes que realizados en las cuentas a fin de adaptarlas a la realidad que representan de acuerdo a los recuentos y verificaciones que ser realicen.
- Las cuatro últimas columnas, destinadas a actualizar los saldos de las distintas cuentas, luego de efectuados los respectivos ajustes, clasificándolas, según corresponda, para su inclusión en el:

ESTADO DE RESULTADOS
(las dos terceras columnas)

conocido también como Estado Demostrativo de Pérdidas y Ganancias, que tiene por objeto determinar la pérdida o utilidad habida.

CUENTAS	Pérdidas	Ganancias
Ventas		300.00
Alquileres cobrados		3.000
Costos de ventas	126.000	
Diferencias de caja	600	
Sueldos	40.000	
Gastos generales	31.500	
Fletes y acarreos	25.000	
Amortizaciones	17.000	
Utilidad	62.900	
Totales	**303.000**	**303.000**

ESTADO PATRIMONIAL
(las dos últimas columnas)

Conocido como Estado General o Balance General, que tiene por objeto establecer la situación patrimonial de la empresa y del resultado total habido.

CUENTAS	Activo	Pasivo
Caja	4.400	
Deudores	15.000	
Documentos a cobrar	6.000	
Mercaderías	74.000	
Muebles y útiles	10.000	
Instalaciones	20.000	
Rodados	60.000	

Gastos anticipados	2.500	
Acreedores		15.000
Capital		50.000
Gastos a pagar		10.000
Alquileres cobrados por anticipado		5.000
Amortizaciones acumuladas		44.000
Previsión por incobrabilidad		5.000
Subtotal	**191.900**	**129.000**
UTILIDAD del ejercicio		62.900
Totales	**191.900**	**191.900**

Como puede observarse en el Estado de Resultados, las cuentas con saldo acreedor (ganancias) han sido mayores que las que tenían saldo deudor (pérdidas), por ello se ha producido una utilidad en el ejercicio.

Si se hubiera tratado el caso de una empresa en la cual se hubieran producido pérdidas en su actividad esa relación se hubiera presentado en forma inversa o sea que las cuentas de resultados con saldo deudor serían mayores a las cuentas de resultado con saldo acreedor.

En cambio, en el Estado Patrimonial cuando las cuentas con saldo deudor (del Activo) son mayores que las del Pasivo que tienen saldo acreedor, se ha producido una utilidad en el ejercicio y si se hubiera tratado el caso de una empresa en la cual se hubieran producido pérdidas en su actividad esa relación se hubiera presentado en forma inversa o sea que los saldos de las cuentas de Pasivo serían mayores a los saldos de las del Activo.

Las diferencias que arrojen en ambos casos (tanto en el Estado de Resultados como en el Estado Patrimonial) serán por igual importe, compensables entre sí, cuyo saldo será el que arroje la cuenta de GANANCIAS Y PÉRDIDAS a la cual se transfieren todos los saldos de las cuentas de resultado (deudores y acreedores) mediante los siguientes asientos:

VENTAS	**300.000**	
ALQUILERES COBRADOS	**3.000**	
a GANANCIAS Y PÉRDIDAS		**303.000**
GANANCIAS Y PÉRDIDAS	**240.100**	
a COSTO MERCADERÍAS VENDIDAS		**126.000**
a SUELDOS		**40.000**
a GASTOS GENERALES		**31.500**
a FLETE Y ACARREOS		**25.000**
a AMORTIZACIONES		**17.000**
a DIFERENCIAS DE CAJA		**600**

CIERRE DE LIBROS

Una vez determinado el resultado habido en el ejercicio contable se procede a cerrar todas las cuentas utilizadas, revirtiendo el saldo de las mismas, o sea que las cuentas con saldo deudor son acreditadas y las cuentas con saldo acreedor son debitadas, excepto las cuentas de resultado que por medio de los asientos anteriores fueron transferidos a una cuenta que las representa y que hemos llamado GANANCIAS Y PÉRDIDAS.

Por ello al cerrar todas las cuentas de resultado empleando una de carácter genérico que las resume (GANANCIAS Y PÉRDIDAS), ha quedado determinado el resultado habido en el ejercicio por medio de la misma cuyo saldo incrementará o disminuirá el Capital de la empresa y, por lo tanto, afectará su patrimonio neto; en consecuencia, dicha cuenta estará incluida en el cierre de libros de todas las cuentas patrimoniales como se indica en el siguiente asiento:

ACREEDORES	15.000	
GASTOS A PAGAR	10.000	
ALQ. COBRADOS POR ADELANTADO	5.000	
AMORTIZACIONES ACUMULADAS	44.000	
PREVISIÓN P/INCOBRABILIDAD	5.000	
CAPITAL	50.000	
GANANCIAS Y PÉRDIDAS	62.900	
a CAJA		4.400
a DEUDORES		15.000
a DOCUMENTOS A COBRAR		6.000
a MERCADERÍAS		74.000
a MUEBLES Y ÚTILES		10.000
a INSTALACIONES		20.000
a RODADOS		60.000
a GASTOS ANTICIPADOS		2.500

REAPERTURA DE LIBROS

Siguiendo un procedimiento similar, pero con efecto contrario, el comienzo de un nuevo ejercicio se iniciará con la apertura de todas las cuentas con el saldo del ejercicio anterior, lo cual significa un registro inverso al de cierre de libros como se indica en el asiento que reproducimos más adelante, a partir del cual se procederá al registro de todas las operaciones del nuevo ejercicio y así sucesivamente

Es posible que el saldo de la cuenta de Ganancias y Pérdidas haya sido capitalizado al cierre del ejercicio anterior, abonado a los socios o accionistas como retribución al capital aportado o sea transferido al ejercicio siguiente, que es el procedimiento adoptado en nuestro ejemplo.

Asiento de cierre de libros

CAJA	4.400	
DEUDORES	15.000	
DOCUMENTOS A COBRAR	6.000	
MERCADERÍAS	74.000	
MUEBLES Y ÚTILES	10.000	
INSTALACIONES	20.000	
RODADOS	60.000	
GASTOS ANTICIPADOS	2.500	
a ACREEDORES		15.000
a GASTOS A PAGAR		10.000
a ALQUILERES COBRADOS POR ADELANTADO		5.000
a AMORTIZACIONES ACUMULADAS		44.000
a PREVISIÓN PARA INCOBRABILIDAD		5.000
a CAPITAL		50.000
a GANANCIAS Y PÉRDIDAS		62.900

EJERCICIOS DE AUTOEVALUACIÓN

Estados contables

Formular las respuestas en la página siguiente a las preguntas que se indican a continuación:

1) ¿Cuál es el objeto del ESTADO DE RESULTADOS?
2) ¿Qué CUENTAS incluye el ESTADO DE RESULTADOS?
3) ¿Cuál es la CUENTA que se incluye tanto en el ESTADO PATRIMONIAL como en el de RESULTADOS?
4) ¿Qué representa la CUENTA DE PÉRDIDAS Y GANANCIAS?
5) En un estado patrimonial que arroje GANANCIA: ¿Cómo deben ser las CUENTAS DEL ACTIVO respecto de las del PASIVO y las de PATRIMONIO NETO?
6) En un estado patrimonial que arroje PÉRDIDA ¿Qué relación debe existir entre los SALDOS DE LAS CUENTAS PATRIMONIALES?
7) En un estado de resultados que arroje GANANCIA ¿Qué relación debe existir entre los SALDOS DE LAS CUENTAS DE RESULTADOS?
8) En un estado de resultados que arroje PÉRDIDA ¿Qué relación debe existir entre los SALDOS de las CUENTAS DE RESULTADOS?
9) Cuando el ACTIVO es mayor que el PASIVO en un ESTADO PATRIMONIAL ¿Qué RESULTADO arroja el BALANCE?
10) Cuando el ACTIVO es MENOR que el PASIVO en un ESTADO PATRIMONIAL ¿Qué RESULTADO arroja el BALANCE?
11) Cuando las PÉRDIDAS son MAYORES que las GANANCIAS en un ESTADO DE RESULTADOS ¿Qué RESULTADO arroja el BALANCE?
12) Cuando las GANANCIAS son MAYORES que las PÉRDIDAS ¿Qué RESULTADO arroja el ESTADO DE RESULTADOS?

1	
2	
3	

4	
5	
6	
7	
8	
9	
10	
11	
12	

CAPÍTULO 18

La información contable

NECESIDAD DE UNA INFORMACIÓN CONTABLE ÚTIL

Los estados contables constituyen uno de los elementos más importantes para trasmitir información sobre la situación y la gestión de las empresas, sean estas entes públicos o privados, con o sin fines de lucro.

Dado que los interesados en esta información que ofrecen los estados contables son tan numerosos (el Estado, los diversos organismos de control, los inversores actuales y potenciales, los acreedores, los clientes y los propios administradores del ente, entre otros) existe un interés general en que los datos contenidos en dichos estados se presenten adecuadamente, de modo que la información sea útil a sus distintos propósitos.

En tal sentido, se ha preferido que los estados contables básicos presenten en forma sintética la situación patrimonial y los resultados de las empresas u organizaciones, para lograr una adecuada visión de conjunto.

Por ello, la información detallada que conceptualmente integra los estados básicos, suele incluirse en estados complementarios, pues de otro modo su lectura conjunta podría dificultar el entendimiento de los estados básicos.

FINALIDAD

De allí que se hayan establecido determinadas normas generales de presentación o exposición de estados contables para uso de terceros que, además, son utilizados internamente por los directivos, propietarios y otros integrantes de la empresa u organización.

Esas normas generales regulan la presentación o exposición de los estados contables de todo tipo de empresas u organizaciones y sirven, también, de marco de referencia para la elaboración de normas particulares para determinadas actividades especiales que los requieran.

LA INFORMACIÓN QUE SE PROPORCIONA DEBE SER VERDADERA	
VERACIDAD	Expresar una conformidad razonable con la realidad.
OBJETIVIDAD	Tender a presentarse, en el mayor grado posible, de manera que exprese los acontecimientos tal como son, con el mayor realismo, sin deformaciones a subordinación o a condiciones particulares del emisor.

ACTUALIDAD	Considerar los elementos y valores que tienen efectiva vigencia.
CERTIDUMBRE	Elaborarse sobre la base del mejor conocimiento posible de los acontecimientos que comunica, basado en un estudio diligente de los aspectos relevantes de cada uno de ellos.
ESPECIALIDAD	Sobre un fenómeno dado dar preeminencia a su naturaleza económica por sobre su forma instrumental o jurídica, cuando los aspectos instrumentales o las formas legales no reflejen adecuadamente los efectos económicos existentes.
VERIFICABILIDAD	Permitir su comprobación mediante demostraciones que la acrediten y confirmen.
PRECISIÓN	Estar comprendida entre los estrechos límites de la aproximación, buscando un acercamiento a la exactitud en la medida de lo posible.
CONFIABILIDAD	Presentarse conforme a criterios, normas y reglas que le otorguen carácter de creíble.

NORMAS CONTABLES PROFESIONALES

Las normas a que hacemos referencia se han estructurado de modo que sean compatibles con las normas contables profesionales que actualmente están en vigencia, como también con los cambios que se efectúen en ellas, que ya pueden avizorarse por la evolución de la doctrina contable y los proyectos existentes en diversos órganos de investigación de la profesión contable.

En realidad, la existencia de normas es imprescindible para el funcionamiento de cualquier sistema de información, y el contable participa de esa característica, pues si ellas no existieran la exposición de los estados contables, como información resultante del proceso de registro y clasificación de las operaciones de la empresa, sería imposible de interpretar a la luz de su falta de comparabilidad por la diversidad de criterios que podrían existir.

Por ello, los estados contables deben exponer la información contenida en los mismos de acuerdo con normas establecidas, con el fin que gocen de la aceptación y garantía de todos aquellos que han de utilizarlos.

Es importante definir el concepto de normas como reglas que se deben seguir o a las que se deben ajustar las conductas, tareas, actividades, etc. dado que las normas son necesarias para el funcionamiento adecuado de cualquier sistema y el contable es también un sistema, aún cuando forme parte (subsistema de los sistemas de información.

Dentro de las normas existentes merecen citarse:

- Normas contables, que son reglas que deben utilizarse en la tarea de preparar información contable.
- Normas de exposición se refieren a las reglas para presentar los datos contables en forma de estados numéricos.

Entre las normas contables se encuentran aquellas que obligan a los emisores de estados contables y son establecidas por la autoridad pública, ya sea mediante leyes o decretos o a través de resoluciones de entes estatales de fiscalización.

Tal el caso de las dictadas para las sociedades comerciales, fondos comunes de inversión, cooperativas, etc., o las impuestas por ciertos entes estatales de control acerca de la forma de exponer los estados contables, con el fin de asegurarles un mayor contralor (Inspección General de Justicia, Comisión Nacional de Valores, Banco Central de la República Argentina, Superintendencia de Seguros de la Nación, Instituto Nacional de Acción Cooperativa, Instituto Nacional de Acción Mutual, Dirección Nacional de Obras sociales, Organismos Provinciales, etc.)

EXPOSICIÓN

Las normas aplicables a todos los estados contables de mayor utilización entre los profesionales, referidas a los modelos de exposición de los mismos, fueron dictadas por los Consejos Profesionales de Ciencias Económicas por medio de las llamas normas técnicas, que han tenido por efecto uniformar la presentación de los mismos ante cualquier institución pública o privada.

ESTADOS

Los estados contables básicos incluidos en dichas normas son:

COMPROBACIÓN	El Balance de Comprobación de Sumas y Saldos que tiene por objeto verificar si los asientos registrados en el libro Diario han sido pasados correctamente al Mayor de Cuentas y extraídos en éste correctamente los saldos de cada una de ellas. También participan de esa clasificación los Balances de Deudores, Acreedores, de Stock, etc. que tienen una finalidad similar respecto de las cuentas de Clientes Proveedores o Artículos.
SITUACIÓN PATRIMONIAL	Que tienen por objeto exponer la composición integral del patrimonio de una empresa o persona, pudiendo incluirse en esta clasificación el Estado Patrimonial o Balance general o Estado General, según la denominación que desee dársele.
RESULTADOS	O sea, el estado contable que permite demostrar los distintos conceptos que integran el resultado final de las operaciones de una empresa, representados por las distintas cuentas de pérdidas y ganancias.

Estos deben integrarse con la información complementaria, la que es parte de ellos y debe presentarse adicionalmente a los estados básicos, en el caso que ello corresponda de acuerdo con las normas contables profesionales; entre ella se encuentran los siguientes estados

- Estado de evolución del patrimonio neto
- Estado de variaciones del capital corriente o de origen y aplicación de fondos

INFORMACIÓN COMPARATIVA

La información contenida en los estados básicos debe presentares en forma comparativa con la del ejercicio inmediato anterior. Se expone en dos columnas utilizando la primera para el ejercicio actual y la segunda apara el precedente.

La información complementaria debe presentarse en forma comparativa, excepto que la información del ejercicio anterior hubiese dejado de ser útil.

En el caso que fuere necesaria la presentación en forma comparativa de estados correspondientes a períodos intermedios, la comparación se realiza con las cifras correspondientes al período equivalente del ejercicio inmediatamente precedente.

Cuando alguno de los dos ejercicios que se exponen fuera de duración irregular, debe exponerse claramente tal circunstancia con una adecuada descripción del efecto sobre la comparabilidad, como, por ejemplo, los derivados de actividades estacionales.

La información de ejercicios anteriores

Cuando existan modificaciones de la información de ejercicios anteriores sean ajustes de resultados u otras modificaciones, deben adecuarse las cifras correspondientes al ejercicio precedente al solo efecto de su presentación comparativa con las del ejercicio presente.

ACTIVOS Y PASIVOS CORRIENTES Y NO CORRIENTES

Los activos y pasivos se clasifican en corrientes y no corrientes en base al plazo de un año, computados desde de la fecha de cierre del período al que se refieren los estados contables.

Activos

Utilidad para la toma de decisiones y el control.

Los estados contables constituyen el medio a través del cual se suministra in- formación sobre el patrimonio de una empresa y su evolución, por medio de datos extraídos de los registros de las operaciones de la empresa, adecuados a la realidad económica y durante un período determinado llamado ejercicio económico.

El objetivo de los informes contables es brindar información principalmente cuantitativa, sobre el ente emisor de los mismos, a efectos de ser utilizada por usuarios y terceros vinculados a él, para servir a la toma de decisiones económicas y financieras.

Entre los informes contables de uso más general son los denominados estados patrimoniales y de resultados, que se refieren los primeros a la presentación del patrimonio de una empresa y a las variaciones sufridas por el mismo, y los segundos a la conformación del resultado producido en un cierto período por las actividades por ella desarrolladas.

En realidad, esos estados además de los fines anteriores persiguen otros múltiples objetivos; una enunciación mínima aceptable de ellos es la de brindar información útil para:

- Servir de guía a los inversionistas interesados en comprar o vender su participación o realizar una inversión de capital.
- Ayudar a analizar la gestión de la dirección.
- Determinar la carga tributaria y para otros fines de política fiscal y social.
- Ser utilizados como una de las fuentes de información para la contabilidad nacional.
- Ser utilizados como una de las bases para la fijación de precios y tarifas.

En este punto es interesante transcribir el siguiente cuadro extraído de la obra de Lazzatti (El objetivo de los estados contables), que resume con toda claridad los fines de los estados contables respecto de los distintos usuarios de los mismos y los efectos que traen a ellos la información que dichos estados traslucen:

USUARIO	**Efectos de la información sobre:**
INVERSOR ACTUAL	• Vender su participación en la empresa. (Accionistas, etc.) • Disponer la distribución de la ganancia. • Juzgar la gestión de la empresa.
INVERSOR POTENCIAL	• Adquirir una participación en la empresa.
GERENCIA	• Proponer la distribución de la ganancia. • Juzgar su propia gestión. • Percibir una participación en la ganancia.
ACREEDOR ACTUAL (Proveedores, entidades financieras, etc.)	• Proteger su crédito.
ACREEDOR POTENCIAL	• Conocedor del crédito.
ORGANISMOS FISCALES	• Determinar la materia imponible.
SINDICATOS	• Ponderar la rentabilidad y estabilidad de la empresa.

EJERCICIOS DE AUTOEVALUACIÓN

Cuestionario

1) Los efectos que traen aparejados la información de los estados contables pueden ser valorados por sus respectivos usuarios. ¿A cuáles de ellos nos referimos cuando se trata de adquirir una participación en la empresa?
2) Los efectos que traen aparejados la información de los estados contables pueden ser valorados por sus respectivos usuarios. ¿A cuáles de ellos nos referimos cuando se trata de proponer la distribución de la ganancia, juzgar su propia gestión y/o percibir una participación en la ganancia?
3) Los efectos que traen aparejados la información de los estados contables pueden ser valorados por sus respectivos usuarios. ¿A cuáles de ellos nos referimos cuando se trata de proteger su crédito (Proveedores, entidades financieras, etc.)?
4) Los efectos que traen aparejados la información de los estados contables pueden ser valorados por sus respectivos usuarios. ¿A cuáles de ellos nos referimos cuando se trata de conceder crédito?
5) Los efectos que traen aparejados la información de los estados contables pueden ser valorados por sus respectivos usuarios. ¿A cuáles de ellos nos referimos cuando se trata de determinar la materia imponible?
6) Los efectos que traen aparejados la información de los estados contables pueden ser valorados por sus respectivos usuarios. ¿A cuáles de ellos nos referimos cuando se trata de ponderar la rentabilidad y estabilidad de la empresa?

1	
2	
3	
4	
5	
6	

CAPÍTULO 19

Sistemas de Información contable computarizados

INTRODUCCIÓN

Durante muchos años los sistemas de registro de operaciones de las empresas han sido llevados mediante tareas manuales, al menos en un alto porcentaje, aún cuando se hayan utilizado máquinas sumadoras o calculadoras y, en algunos casos, máquinas de contabilidad que permitían el registro simultáneo de operaciones de registro y clasificación.

O sea que la acción personal era la base fundamental de los mismos para obtener los resultados finales del procesamiento de dichas operaciones de la empresa, en la cual las personas responsables desempeñaban tanto una tarea de índole intelectual como de índole matemática.

Esa era la razón por la cual los sistemas manuales eran en general lentos y sujetos a errores, cuya corrección posterior agravaba esa lentitud en la obtención de sus resultados, sobre todo cuando se trataba de procesar grandes volúmenes de datos, siendo necesario también contar con un mayor número de personas para su realización.

En cambio, hoy nos encontramos ante sistemas de contabilidad que se valen de computadoras para llevar a cabo todos los registros de las operaciones y los movimientos contables de las cuentas utilizadas, hasta producir las informaciones finales, por lo cual aquellas tareas manuales han sido reemplazadas con tal eficacia, rapidez y seguridad que los tiempos de ejecución se han reducidos de manera impresionante.

Efectivamente, las computadoras pueden ejecutar un gran número de instrucciones de acuerdo a un determinado programa, sin errores, a gran velocidad y con la mayor exactitud, dependiendo solamente de la seguridad con que el operador ingrese los datos correspondientes y accione los dispositivos que exige el programa utilizado, pues los software o programas que suelen utilizarse permiten realizar todas las tareas que antes eran propias de quienes tenían su cargo el registro y clasificación de las operaciones.

De allí que la labor de quienes hoy realizan las tareas contables se reduce a lo estrictamente intelectual o sea que estos deben asegurarse solamente que la configuración y entrada de las operaciones representen la realidad, dado que el sistema empleado hará el resto.

Por lo tanto, la mayor responsabilidad de los directivos de una empresa será la de tomar decisiones basadas necesariamente en la información generada por los sistemas de información implantados con ese objetivo y su calidad será un factor fundamental para guiar a la empresa por el rumbo deseado.

La aparición de las computadoras, el surgimiento de las grandes empresas multinacionales y la globalización de los negocios internacionales, impuso la necesidad de una mayor información de carácter económico y financiero, surgiendo así la creación de los Sistemas Contables Computarizados que respondan con mayor rapidez y seguridad a tales requerimientos. produciendo informaciones efectivas, confiables y oportunas.

VENTAJAS DE LOS NUEVOS SISTEMAS

Dichos sistemas presentan numerosas ventajas sobre los sistemas manuales entre las cuales podemos mencionar las siguientes:

RAPIDEZ Y OPORTUNIDAD	Puede proporcionar información con mayor rapidez que uno manual, porque la computadora realiza en forma instantánea tareas que consumen mucho tiempo cuando se hacen en forma manual.
VOLUMEN DE PRODUCCIÓN	Se puede manejar un volumen de operaciones mayor usando un sistema computarizado por su rapidez de procesamiento.
PROTECCIÓN CONTRA ERRORES	Se reduce mucho el número de errores, porque la computadora hace los cálculos con mayor exactitud que un ser humano. Están diseñadas con la característica de minimizar los errores.
OPERACIONES AUTOMÁTICAS	Los pases al mayor se realizan en forma automática en un sistema computarizado, con un enorme ahorro de tiempo. La tarea repetitiva de pasar al mayor, no solo consume bastante tiempo, sino que puede ocasionar muchos errores en un sistema contable manual. El uso de la computadora asegura cada asiento con exactitud. Esto evita errores, como el doble pase, el pase a una cuenta equivocada, pasar un débito como un crédito o viceversa, y pasar una cantidad equivocada.
PREPARACIÓN DE INFORMES	En un sistema de contabilidad computarizado, los informes se pueden producir automáticamente, tales como: Diarios, Mayores, Estados Financieros, e Informes Especiales que ayuden a la administración a tomar decisiones.
IMPRESIÓN AUTOMÁTICA	Además, todo sistema computarizado proporciona la mayor parte de los documentos que se usan en un negocio: Facturas, Estados Mensuales de Cuentas por Cobrar a Clientes, Cheques de Nominas, Estados de Ingresos de los Empleados, entre otros.

En realidad, cuando nos referimos a sistemas de información basados en la utilización de computadoras no mencionamos un sistema único, sino a varios; por ello en esta parte de la obra trataremos de dar a conocer algunas de las distintas características de los sistemas utilizados en la Administración de la Empresa, que constituyen verdaderos subsistemas de un Sistema General de Información cuyos destinos podemos clasificar de la siguiente forma:

PARA EL PROCESAMIENTO DE LAS OPERACIONES	Reemplazando los procedimientos manuales de registro y clasificación de las operaciones realizadas por la contabilidad tradicional.
PARA LA INFORMACIÓN ADMINISTRATIVA	Utilizados para todas las restantes operaciones de la empresa que no se incluyan dentro del área contable y permiten ejercer un mayor control y supervisión de todas las tareas administrativas.
DE APOYO A LAS DECISIONES	Aquellos que proporcionan a los gerentes las informaciones necesarias para la toma de decisiones y que, en gran medida, utilizan las informaciones producidas por los sistemas anteriores.

Tales subsistemas de procesamiento de las operaciones de la empresa tienen indudable importancia en un sistema contable, dado que los mismos deben adecuarse al tipo de organización empresaria, a su actividad específica y a servir de apoyo a las decisiones de sus directivos.

CARACTERÍSTICAS

En la actualidad, la tecnología utilizada para el procesamiento de la información en las empresas modernas permite el procesamiento de grandes cantidades de datos e informaciones en forma veloz, muy importante cuando el volumen de las operaciones que complementan a las mismas es de gran importancia.

Como hemos mencionado anteriormente, en esta forma se han sustituido los antiguos procesamientos manuales y el mantenimiento de registros o libros también manuales, con los sistemas de computación y la aplicación de programas adecuados a tales fines.

Una de las características que presenta el procesamiento de las operaciones comerciales es su repetitividad que ha sido el origen de los llamados subdiarios de registraciones para llevar a cabo su registro manual, utilizado para lograr un ordenamiento de datos en función de sus comunes características (ventas, compras, pagos, cobros, etc.)

Incluso, también, todo lo inherente a la liquidación y pago de los haberes al personal constituía una tarea rutinaria y lenta, sobre todo en aquellas empresas que tenían bajo su dependencia una nómina elevada, que obligaba a liquidaciones semanales, quincenales y/o mensuales con permanentes variaciones en sus cálculos, como consecuencia de los diferentes períodos y valores de liquidación (horas y días no trabajados, modificaciones en sus salarios familiares o en los valores del haber bruto, etc.)

Como puede observase el objetivo de muchas de las aplicaciones de los sistemas computarizados ha sido lograr la sistematización de las operaciones de registro y clasificación de tales tareas, en aras de obtener una mayor rapidez y seguridad en su realización y, al mismo tiempo, servir de apoyo a las decisiones gerenciales.

Etapas

En todo sistema de información computarizado el procesamiento de las operaciones se realiza en función de las siguientes:

ETAPAS DEL PROCESAMIENTO DE TRANSACCIONES	
CAPTURA DE DATOS	En toda transacción los datos deben ser capturados y registrados en sus detalles más importantes de manera de servir a su ordenamiento y clasificación al ser procesados posteriormente.
PROCESAMIENTO DE LAS TRANSACCIONES	Los datos registrados son validados y manipulados de acuerdo con las características del programa utilizado a fin de detectar los errores que se hubieran producido y facilitar la producción de informaciones.
MANTENIMIENTO DEL ARCHIVO	Como consecuencia de las transacciones realizadas los archivos maestros se van modificando por lo cual es necesario mantenerlos actualizados y controlados para el caso de ser utilizados en la producción de informaciones a medida que éstas sean requeridas
REPORTES O INFORMES	La etapa del procesamiento permite ir preparando la salida de informaciones que pueden ser de diversas formas de acuerdo con las necesidades que las requieran.

En realidad, los subsistemas de transacciones de mayor utilización y aplicación se basan en los anteriores sistemas de información contable, sobre todo en aquellos que se refieren al registro y clasificación de las operaciones comerciales y constituyen la base para determinar el funcionamiento de cualquier empresa dentro del ramo seleccionado; por ello nos hemos de ocupar seguidamente a aquellos vinculados a la contabilidad general, las cuentas a cobrar, a pagar, de inventarios y a los de doble entrada.

No obstante, también existen otros subsistemas vinculados a otras operaciones de la empresa como los de caja, documentos a cobrar y a pagar, sueldos y jornales, etc. que, en general, participan de similar operatoria a los nombrados.

Subsistema de Contabilidad

Es uno de los de mayor utilización dentro del campo de la Informática, y actualmente abundan en el mercado numerosos programas para el registro y clasificación de las operaciones empresarias en forma integral y para cada una de las mismas, llamados comúnmente utilitarios por las ventajas que ellos ofrecen.

Todos conocemos que la contabilidad consiste en la acumulación de valores de los distintos conceptos representativos de la situación patrimonial de la empresa, resultantes de operaciones que, en su mayor parte son repetitivas; tales conceptos, como hemos visto, se encuentran estandarizados por medio de un Plan de Cuentas que permite identificarlos con toda precisión.

Subsistemas de cuentas a cobrar

Este es uno de los sistemas contables de mayor utilización, dado que se refiere a la actividad principal de la empresa: la venta de sus productos que, en su mayor parte, son realizadas en cuenta corriente; por lo tanto, el programa que sea utilizado a tal efecto debe permitir lo siguiente:

1. Facturar las mercaderías vendidas a plazo
2. Debitar los importes en las respectivas cuentas de los clientes
3. Descargar del inventario las cantidades vendidas
4. Acreditar las cobranzas realizadas
5. Llevar registros de los saldos a cobrar de cada cliente

Para cada una de las operaciones anteriores deberán procesarse, a su vez, los siguientes datos:

1. Fecha de la operación
2. Nombre y apellido del cliente que tendrá su código correspondiente
3. Detalle de la mercadería vendida; sobre todo respecto de su cantidad pues los precios unitarios y los cálculos respectivos son realizados en base al programa.
4. Números correlativos de las transacciones, códigos de clientes y/o productos, etc.

En el siguiente gráfico podemos observar la secuencia del proceso de ventas a plazo que incide en las cuentas a cobrar:

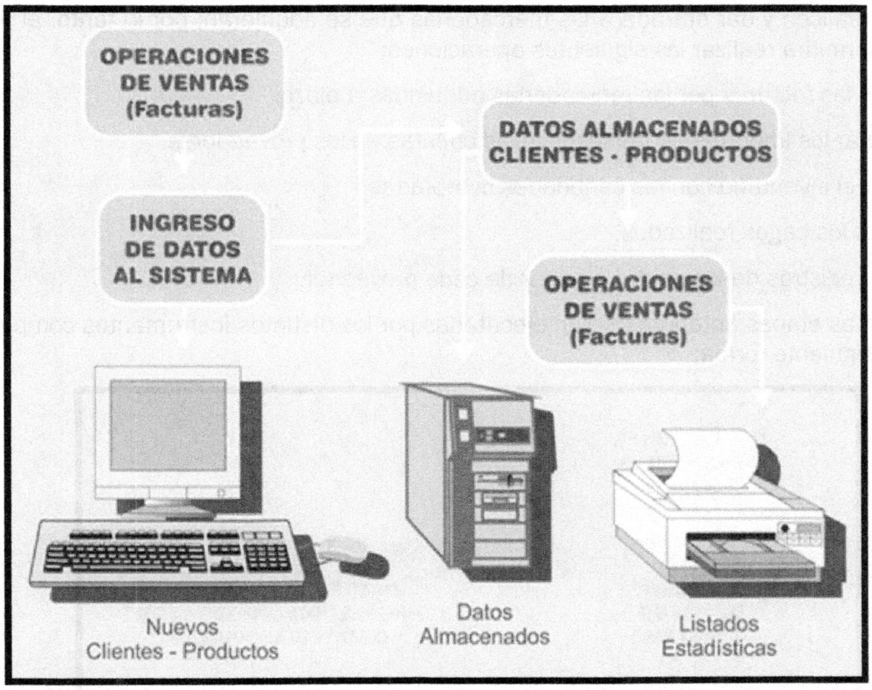

Por lo tanto, en todo subsistema de cuentas a cobrar se distinguen los siguientes tipos de operaciones que deben tenerse en cuenta al programarlos:

VENTAS	Emisión y almacenamiento de los datos de las facturas emitidas en base a la información que resulta de los archivos de datos de clientes (nombres, domicilios, crédito autorizado, etc.), y referencia o códigos, cantidades y precios de venta de los productos (para su descarga de los inventarios).
COBROS	Datos de procedencia del cobro para su descargo de los saldos de las cuentas de los clientes para permitir periódicamente obtener un listado de éstos últimos.
AJUSTES	A fin que la emisión de todo débito o crédito modifique los saldos de los clientes y permita obtener informaciones estadísticas acerca de la causa de los mismos.
CONSULTAS	Todo sistema de cuentas a cobrar debe permitir obtener informaciones acerca de las operaciones que han incidido en las cuentas de los clientes (lista de saldos, estadísticas de ventas por zonas, corredor, productos, etc.) y disponer cualquier consulta de carácter individual (respecto del cliente, de las facturas y notas de débito o crédito emitidas, etc.)

Subsistema de cuentas a pagar

Este subsistema presenta similitud con el anterior, aunque las operaciones son contrarias, pues se trata de acreditar las compras efectuadas en las respectivas cuentas de los proveedores, debitar los pagos que se realicen y dar entrada a las mercaderías que se adquieran; por lo tanto, el programa que sea utilizado permitirá realizar las siguientes operaciones:

1. Recibir las facturas por las mercaderías adquiridas a plazo.
2. Acreditar los importes en las respectivas cuentas de los proveedores.
3. Cargar el inventario con las cantidades compradas.
4. Debitar los pagos realizados.
5. Llevar registros de los saldos a pagar de cada proveedor.

Las distintas etapas anteriores serán ejecutadas por los distintos instrumentos computarizados del sistema en la siguiente forma:

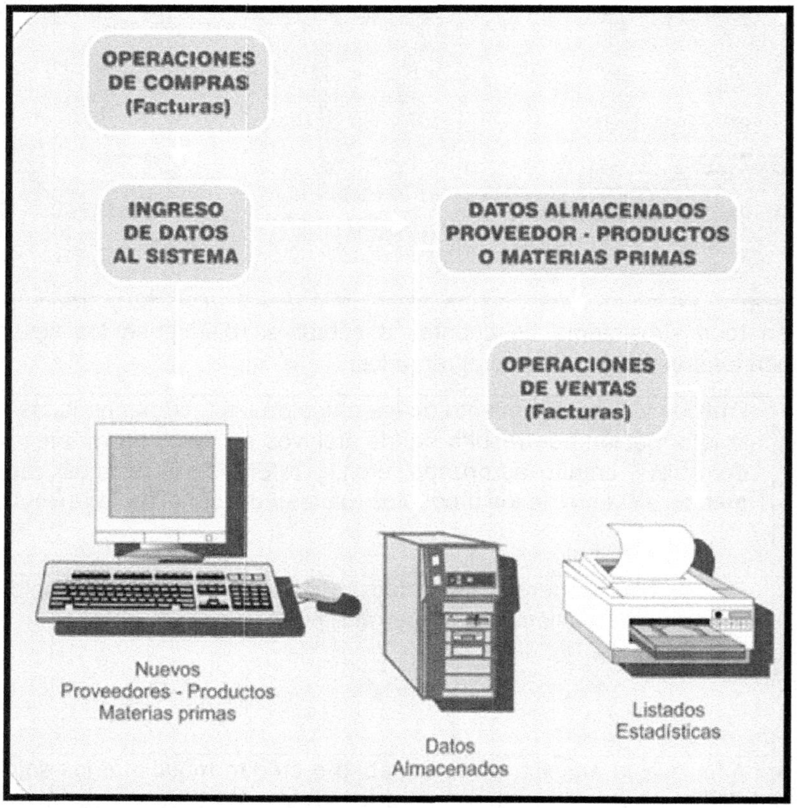

Para cada una de las operaciones anteriores deberán procesarse los siguientes datos:

1. Fecha de la operación
2. Nombre y apellido del proveedor que tendrá su código correspondiente
3. Detalle de la mercadería adquirida; sobre todo respecto de su cantidad pues los precios unitarios y los cálculos respectivos son realizados en base al programa
4. Números correlativos de las transacciones, códigos de proveedores y/o productos, etc.

Subsistema de administración de inventarios

El sistema de administración de inventarios se encuentra íntimamente vinculado con los sistemas anteriores pues resume todos los movimientos operados en el ingreso y egreso de productos de la empresa, debidamente valorizados.

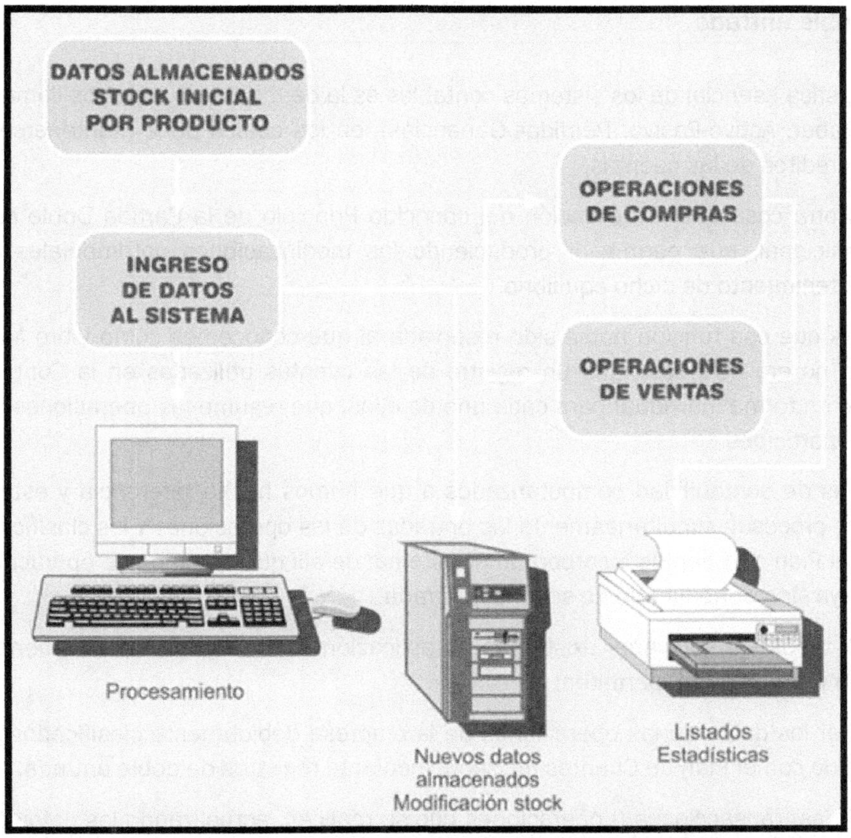

Este sistema permite llevar el control de cada uno de dichos productos y determinar en cada momento la necesidad de su reposición (por compra o producción) y evitar una acumulación indebida de los mismos que ponga en peligro la situación financiera de la empresa.

También constituye una herramienta importante de información para la política de ventas de la empresa pues permite informar permanentemente acerca del stock disponible de cada uno de los productos que la misma comercializa.

Podemos señalar que el sistema computarizado de inventario permite realizar las siguientes operaciones:

SALIDA POR VENTAS	Descarga de cada uno de los productos vendidos.
INGRESO POR COMPRAS	Entrada de cada uno de los productos por compra.
CONSULTA POR PRODUCTO	Informa sobre el movimiento de cada producto y su existencia a la fecha de la consulta.
REVISIÓN DEL STOCK	Informa sobre la necesidad de la reposición de cada producto o su mantenimiento o eliminación, brindando listados para la verificación de saldos con motivo de los cierres de períodos o ejercicios contables.

Registros de doble entrada

La característica esencial de los sistemas contables es la de mantener registros llamados de doble entrada (Debe-Haber, Activo-Pasivo, Pérdidas-Ganancias), en los cuales debe mantenerse el equilibrio de los débitos y créditos de las cuentas.

Esto no es otra cosa que la aplicación del conocido Principio de la Partida Doble aplicado en la Contabilidad tradicional, que permite ir produciendo las modificaciones patrimoniales a la par del permanente mantenimiento de dicho equilibrio.

Recordemos que esa función había sido reservada al que conocemos como Libro Mayor o Mayor de Cuentas, que no era otra cosa que un registro de las cuentas utilizadas en la Contabilidad de la empresa, llevado en forma individual para cada una de ellas, que resume las operaciones realizadas en las que ellas son partícipes.

Los sistemas de contabilidad computarizados a que hemos hecho referencia y estudiado en los puntos anteriores procesan simultáneamente las entradas de las operaciones y las clasifican por cuenta de acuerdo con el Plan de Cuentas incorporado al sistema: de allí que este tipo de operación de registro y clasificación haya sido denominado de segunda entrada.

En general, todos los softwares existentes de aplicación específica (utilitarios), tienen en cuenta esa circunstancia y, por lo tanto, permiten:

- Almacenar los datos de las operaciones de la empresa debidamente clasificados y registrados de acuerdo con el Plan de Cuentas utilizado, mediante registros de doble entrada.
- Procesar las transacciones u operaciones que se realicen, actualizando los datos almacenados para su posterior utilización.
- Obtener estados periódicos de resultado y patrimoniales, en base a los datos acumulado, para apoyo de las decisiones y el cumplimiento de las obligaciones legales e impositivas, en tiempo y con la mayor exactitud posible.

Por ello, los sistemas computarizados programados para el libro Mayor son prácticamente automáticos y surgen del aporte de datos que ofrece la registración de cada una de las operaciones de la empresa, pues tratan de resumir y demostrar las modificaciones que se produzcan en las cuentas de activo y pasivo y en las de pérdidas y ganancias.

Parten, como hemos dicho, de un Plan de Cuentas debidamente codificado, cada una de las cuales irá registrando los débitos y/o créditos que se vayan produciendo por las operaciones que se realicen y al final del proceso, en cualquier tiempo producirán sus estados contables indispensables.

Resumiendo, entonces, entre las actividades propias de los programas de libro mayor, se encuentran las siguientes:

- Archivo de cada una de las cuentas que componen el Plan de Cuentas de la empresa, las que tienen asignada su respectivo código, con su correspondiente saldo.
- Resumen actualizado de cada una de las cuentas
- Estado de saldos de todas las cuentas
- Estados contables específicos, clasificando las cuentas en patrimoniales y de resultado y determinando el resultado habido en las operaciones.

IMPORTANCIA EN LAS DECISIONES

Los sistemas de información apoyan la toma de decisiones proporcionando una información precisa, confiable y válida dirigida a los administradores o gerentes de las organizaciones, por lo cual nos referiremos indistintamente a los sistemas de información administrativa y a los de apoyo a las decisiones.

En realidad, podríamos llamarlos como sistemas de manejo de la información o como usualmente se suele designar en algunos países, MIS (del inglés Management Information System), distinguiéndose del sistema de transacciones al cual hemos dedicado las anteriores líneas aun cuando exista entre ellos una relación muy importante.

En efecto, el sistema de procesamiento de las operaciones no es un MIS aunque si bien aporta muchos de los datos que obtiene a las decisiones administrativas esos datos deben ser utilizados selectivamente y mejor procesados antes de producir la información necesaria para producir una decisión por parte de los administradores o gerentes.

Podríamos decir, entonces, que el sistema de transacciones apoya al sistema de información

Por supuesto, tanto uno como otro de estos sistemas no toman decisiones ni se las indican a sus destinatarios, sino proporcionan a éstos las informaciones necesarias para tomarlas.

Estos sistemas (de información) son sistemas automatizados cuyo objetivo principal reside en que los trabajadores del conocimiento (se designan así a gerentes, ejecutivos, secretarias y miembros del personal administrativo) puedan alcanzar mayor productividad, modificando la estructura y las actividades del sector administrativo.

Cuentan con una tecnología en materia de informaciones que facilitan su preparación, almacenamiento, recuperación y comunicación de éstas; los sistemas de información administrativa pueden aplicarse a todas las áreas de la empresa.

DIFERENCIAS CON LOS SISTEMAS MANUALES

Luego de analizar las características y ventajas de la aplicación de los nuevos procedimientos en los cuales se ha incorporado la nueva tecnología de la información por medio de computadoras, es interesante realizar una evaluación de los mismos en forma comparativa con los procedimientos manuales utilizados hasta la incorporación de esos nuevos instrumentos, con el fin de valorar el progreso que estos han significado para el procesamiento contable de las operaciones de toda empresa, que hemos tratado de resumir en el siguiente cuadro:

SISTEMA MANUAL	SISTEMA COMPUTARIZADO
Comienza con los saldos de las cuentas en el mayor al comienzo del ejercicio económico.	Estos datos son cargados al sistema.
Se analizan las operaciones para determinar las cuentas que intervienen.	Al cargar los datos se imputan a las cuentas que corresponden en forma automática.
Se registra manualmente las operaciones en el libro diario o subdiarios en forma cronológica.	Los asientos son elaborados automáticamente.
Los asientos registrados en los subdiarios son resumidos en asientos que se registran en el libro diario.	Los subdiarios se confeccionan en el sistema en forma automática.
Los asientos del libro diario son pasados a la as cuentas correspondientes del libro mayor.	En base al programa instalado (software) los pases al mayor se realizan automáticamente.
Se determinan los saldos de cada cuenta al final de cada período.	Surgen en forma automática en cada asiento que se introduce al sistema.
Se ajustan los saldos.	Automáticamente, de acuerdo con la información que se introduce al sistema.
Se confecciona una hoja de trabajo, balan- ce de comprobación con los ajustes respectivos y se elabora el estado de resultados, y estado general.	Estos estados son confeccionados en forma automática por el sistema con su solo pedido.

Este libro se terminó de imprimir
en el mes de marzo de 2025
en DP Argentina S.A.

Panamericana km 37,5
Centro Industrial Garín
Calle Haendel, Lote 3 (B1619 IEA)
Buenos Aires, Argentina

Livriz® de Docuprint
FÁBRICA DE BESTSELLERS